海外우리語文學研究叢書 147

조선의 고적

김 용 태 저

한국문화사

조선의 고적

김 용 태 저

국 립 출 판 사
1 9 5 4

차 례

머 리 말

조선 인민은 유구한 력사와 찬란한 문화를 창조 발전시켜 왔다.

아름다운 우리 조국의 강토안에 점점이 수놓아 있는 많은 유적과 유물들은 이 사실을 증명하는 물질적 자료이며 무심히 이야기하는 옛 말에서, 또는 지난날의 허다한 력사적 사료에서도 이 사실을 증명하는 근거는 얼마든지 찾을 수 있다.

조선 인민의 경애하는 수령 김일성 원수께서는 『유구한 력사와 문화를 가진 우리 민족은 오랜 옛날부터 인류 문화의 발전적 보고에 기여할만한 적지 않은 과학적 창조와 발명의 전통을 가지고 있습니다』라고 말씀하시였다.

그리하여 유구한 력사와 찬란한 문화의 옛 모습과 물질적 자료인 우리 조국의 유적과 유물은 종류에 있어서 헤아릴 수 없을 만큼 많고 수량에 있어서도 다른 나라들에 비하여 결코 적지 않다.

七

우리는 우리의 선조들이 지극한 사랑과 비길 데 없는 자랑으로 간직하였다가 남겨

준 이 고귀한 유적과 유물들을 무한한 사랑과 자랑으로 알뜰히 잘 보존하여야 할 것

이다.

여기서 유적, 유물에 대한 지식이 절실히 요구되는 바 이러한 요구의 극히 적은 한

부문 만이라도 충족시키기 위하여 엮은 것이 「조선의 고적」이다.

우리는 우리의 선조들이 살았던 곳이면 또는 오늘 우리들이 즐겨 살고 있는 곳이면

어디서나 고적이 없는 곳이 있을 수 없다.

이렇게 많은 고적을 낱낱이 다 소개하기에는 너무도 방대하다.

그래서 여기에는

첫째로 력사적으로나, 문화적으로 보아 특징이 있는 것을 먼저 골랐다.

그리고 그 특징을 더 잘 알기 위하여 다른 유적, 유물을 대조 소개하였다.

둘째로 고적들의 가치를 확인하기 위하여 전반적인 력사를 소개도 하였다. 마지

막으로 말씀드릴 것은 인류문화의 흉악한 파괴자이며 조선 인민의 천추의 원쑤인 미제

국주의 자들이 파괴한 유서깊은 고적들도 우리가 꼭 알아 두어야 할 것들은 그대로

소개하면서 피해 사실을 밝혀 놓았다.

그러면서 이 파괴、손상된 고적들이 전후 인민경제 복구 계획에 의하여 하나

나 복구 수리되는 것을 우리는 끓어 넘치는 기쁨으로 보고 있다.

여기에 소개한 내용은 물질문화·유물보존위원회에서 조사 답사한 많은 자료와 여

러 선배들이 조사한 재료들을 근거로 하였다.

一九五四년 五월

저 자

一. 평양의 고적

평양은 고대 조선의 력사와 문화의 중심지였으며 고구려 시기 (서기전 三七년 ― 서기 六六八년) 후기의 수도로서 오늘에 이르기까지 조선 력사상으로나 문화상에 가장 중요한 연고지이다.

더우기 위대한 쏘련 군대의 무력에 의하여 일본 제국주의 통치 기반으로부터 조선이 해방된 후 평양이 조선 민주주의 인민공화국의 림시 수도로 정해진 때부터 조선 혁명의 근거지로서 조국의 통일 독립과 국토 완정을 위한 민주 기지의 심장으로 되였으며, 조선 인민의 경애하는 수령 김일성원수의 탄생하신 연고지이며, 미제, 무력 침략자와 그 주구, 리승만 매국도당을 격멸 소탕하는 정의의 조국 해방 전쟁시기에는 영웅 도시로서 조선 민족의 심장속에 자랑으로 불러워지고 있으며, 길이 길이 조선 인민의 사랑속에 있게 될 것이다.

평양과 그 부근은 조선 고대 문화의 첫 발상지이며、중심지였다。 그리하여 대동강

연안 일대와 그 중에도 특히 평양을 중심으로 한 대동강 류역과 해안선 접촉지대 또는

대동강과 하류를 같이 하고 있는 재령강과、대동강과 거리를 가까이하고 있는 청천강

일대와 그 부근에서는 이를 증명할만한 많은 고고학적 자료가 발견되며 유물 유적이

많이 남아 있다。

가장 오래 된 유적으로 평양 부근의 대동강 강안에는 원시 사회의 사람들이 살던

자리가 발견되며 대동강 하류에서 가까운 룡강군、온천군、해안들에서 패총이 발견되

는 것으로 보아 선사 유적들이 많았다는 것을 알 수 있다。 따라서 四천년 전에 하늘에

서 지상으로 내려온 한웅(桓雄)과 곰이 사람으로 되였다는 녀자와의 사이에서 탄생

한 단군(檀君) 임금이 평양을 도읍지로 정했다느니、三천년 전에는 기자가 평양을 중

심으로 나라를 세우고 착한 정치를 베풀었다느니、二천여년 전에는 고구려 제一대왕

동명왕이 평양 부근에서 나라를 다스리다가 기린마를 타고 하늘로 올라갔다 하는 등

신화、전설이 류포되고 있다。

이러한 신화、전설은 평양이 옛날부터 사람이 살기에 알맞은 고장이였다는 것을

평양 고지도

알 수 있으며 그렇기 때문에 오랜 옛날에도 평양 부근에는 사람들이 많이 살면서 조선 력사와 문화의 첫 발자국을 디디였다는 것을 은연중에 말해 주고 있다.

이렇듯 산은 순하며, 들은 넓고 맑은 큰 강의 물줄기 구비쳐 흐르는 곳, 푸른 하늘 아래 아름다운 도시인 평양은 수천년 전부터 조선 인민의 애정 속에 있었다.

평양을 력사적으로 확인할 수 있는 한 국가의 수도로 된 것은 문헌에 의하면 서기 四二七년에 고구려의 장수왕 (서기 四一三년─四九〇년 사이)이 국내성 현재 중국 동북 즙안현에서 남으로 내려와서 평양 부근에 자리잡게 된 때로부터 비롯된다고 볼 수 있다.

물론 그전에 서기 二四七년 고구려 동천왕 二一년에 평양으로 옮겼다는 기록 등이 있다. 이 사실에 대하여서는 어느 정도 신뢰해야 할지 알 수 없으나 하여튼 여러 가지 기록에 의하면 평양을 중심으로 한 조선 땅에서 압록강 이북 사이에 빈번한 왕래가 있었다는 것과 혹은 황해를 건너서 중국 여러지방과 사이에 교통 관계가 빈번히 맺아지고 있었다는 것은 남아있는 기록들과 유적으로 미루어 보아 부인할 수 없다 ◉

이러한 사실들은 악랑 유물들과 그 시대의 무역 관계와 중국으로부터 평양 부근에 와서 살던 토성자리와 거기에서 발견되는 유물들로서도 증명된다.

그리하여 평양은 조선 령토 내에서 처음 보는 강력한 국가로서의 고구려 황금 시기를 이루어 놓았으니 평양 부근에서 허다히 발굴되며 발견되는 유적, 유물들로 미루어 볼 때 고구려의 찬란한 문화가 여기에서 결실되였다는 것을 알 수 있다.

당시 고구려 국가는 남방의 백제 (서기 一八년─서기 六六○년)와 또는 신라 (서기 五七년─서기 九三五년)와 서로 패권을 다투었으나 역시 정치적으로 경제적으로 문화적으로 앞서 있었기 때문에 백제나 신라를 제압하고 있었으며 문화는 그들에게 절대적인 영향을 주어 고구려 문화는 바로 두 나라의 찬란한 문화를 형성시켜 주었던 것이다.

당시 고구려의 문화는 일방으로 중국에서 제반 문화와 기술을 받아 들이면서 타방

으로 백제、신라는 물론이요、바다 건너 일본에까지 직접적인 영향을 주어 그 나라들의

문화를 높은 수준에로 올려 놓게 하였던 것이다.

● 고구려의 령토 특히 그의 수도 평양은 서기 六六八년에 신라가 당나라 (중국ー

서기 六一八년ー九○七년)와 련합하여 고구려를 공략하고 이어 잠시동안 당나라 군대

가 고구려의 령토 내에 머물렀으나 얼마되지 않아서 평양과 고구려 령토는 통일된 신라

의 지배하에 속하게 되였다. 그러나 신라 왕권은、평양과 그 린근 지대에 대하여 관심

이 적었던 모양으로 한메는 주인없는 땅처럼 쓸쓸한 도시로 되여 버렸다.

그 후 고려 (서기 九一八년ー서기 一三九二년) 봉건 왕조가 신라에 대신하여 성립

하자 그들은 고려 왕조가 고구려의 후계자라고 표방하고、고구려의 옛 수도에는 황해

·도 염주 (연안군) 백주 (배천군) 해주 봉주 (봉산군) 황주 등의 여러 고을의 주민을

이주시켜 평양 도시 재건사업에 착수하였다. 그리하여 평양에는 여러 궁전을 건설하였

으며、성곽을 개축함으로써、고려의 북방 요새지로 한메는 수도를 평양으로 옮기는 운

동까지 일어나게 되였던 것이다. 그 후 리조 시기에도 북방의 관문으로서 정치、경제、

군사적으로 중요한 도시로 되였으며 왕들이 드나들며 리궁을 건축하고 성곽의 개축、

신축물으로 국방상 특별한 시설을 게을리하
지 않았다.

서기 一五九二년 임진 조국 전쟁 당시
에는 二만명의 왜적이 평양에 침입하자 평
양 시민은 六월 一五일에 부득이 일시적 후
퇴를 하지 않을 수 없었으며 약 六개월 후인
十二월 八일에논 우리 군대와 후방에서 일
어난 의병 (빨찌산) 들과 명나라 응원군의
협동작전으로 칠성문을 점령하고 보통문,
함구문으로 적을 물리치고 왜적이 일시 강
점했던 평양을 해방시켰다.

이 사실은 임진 조국 전쟁에 있어서 왜
적오로 하여금 서산락일의 운명을 지어 주
었던 것이다.

『샤만호』의 대포 (모란봉 력사 박물관 구내)
미국군함 『샤만호』는 1866년 대동강 만경대 부근에
침입하였다가 평양 시민의 무력과 전술에 의하여
격침 당하였다.

또한 서기 一八六六년에는 미 제국주의 침략자들이 "샤만호"를 몰아 대동강을 거

슬러 올라와서 만경대 앞에 나타나 로략질을 하고 폭행을 가했으므로 평양 시민들은

용감히 싸워서 "샤만호"를 격침시킴으로써 미 제국주의 자들의 조선 침략의 첫 시도

를 꺾어 놓았던 것이다.

도시의 명칭은 펴라、배라、가라등의 옛 이름도 있다고 하며 서경(西京)、서도

(西都)、호경(鎬京)、평양등 여러번 바꾸어 졌으며 능수 버들이 아름답게 느러져

류경(柳京)이란 별명도 있다. 현재의 명칭인 평양은 고려사에 의하면 서기 一三六九

년 고려 공민왕 一八년에 정식으로 붙인 이름이다.

평양의 북쪽은 산과 언덕으로 되는 불균형 직선을 그렸고 삼면은 강물을 리용하여

막혀있는 성세를 이루고 있다. 성곽의 주위는 약 一六키로메타 남직이 되고、이는 一

천 五백년 전에 축조하였으며 그 후에 약간의 보충과 변형이 있었다.

이 평양성은 평양의 중심 지대에 있는 금수산(錦繡山) 보통 모란봉이라 부르며

제二동 을밀대에서 청류벽(淸流壁)쪽으로 내려가서 대동강을 끼고 대동강 하류에 있는

구진 익수가 보통강과 합류하는 구비를 휘돌아 보통강을 따라 오다가 지금의 보통문을

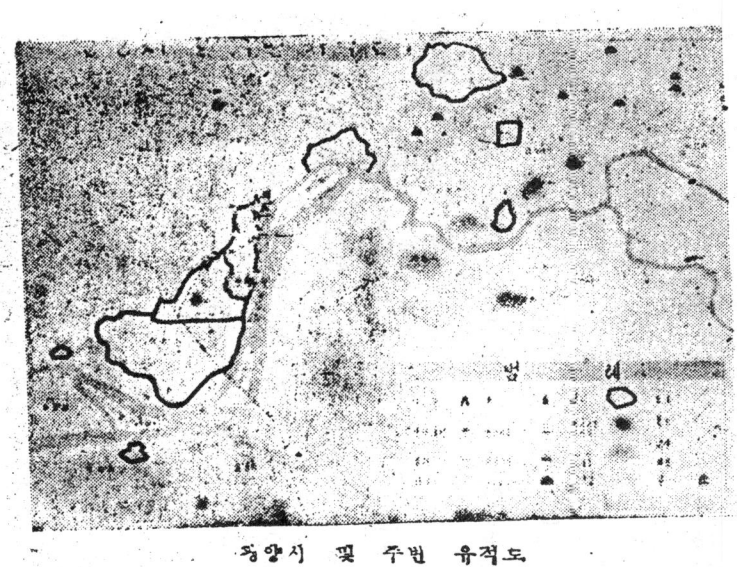

평양시 및 주변 유적도

지나 만주대(지금 오순정 있는 곳, 문화선 전성 있는 고지)로 올라 다시 산등을 타고 올라서 을밀대에 이르렀다.

물론 평양을 방위하기 위하여 성을 축조한 사실에 대하여서는 五세기경 즉 장수왕 一五년(서기·四二七년) 이전에 동천왕 二一년(서기 二四七년)에도 평양성을 축조했다는 기록도 있으며 이 외에도 평양의 성 중에는 장수왕 이전으로 볼 수 있는 성들인 청암리성, 대성산성들도 있다.

一〇세기 후기 고려 성종 년간에 평양성을 개축할 때 성안의 중앙, 다시 말하면 지금 대동교 앞 네거리에서 오영현으로 넘는 동서로 뚫는 대로를 그 계선으로 가로

二一

막아서·평양성안의 남쪽 절반을 또기하고 성문으로는 동쪽에 장경문, 서쪽에 보통문,

남쪽에 함구문, 북쪽에 칠성문, 정동쪽에 대동문, 정남쪽에 정양문등 여섯개의 대문을

두었었다. 현재 남은 것은 대동문, 보통문, 칠성문 뿐이다.

또 서기 一六二四년에는 성이 너무 넓어서 평양시를 방어하기가 곤난하다고 해서

성곽의 서남면을 김축시켰으니 이것은 바로 칠성문을 지나 만수대 서남쪽 모퉁이에서

보통강으로 내려가지 않고 그냥 구릉을 따라 남산리 등어리를 끼고 따라 내려가서 지

금 시 인민위원회 앞 대동강가에 이르러 강을 따라서 청류벽을 지나 을밀대에 이르는

성을 개축하였다.

그리고 서기 一七一四년에는 임진 조국 전쟁 당시에 왜적들이 제일 먼저 모란봉을

점령하였던 전략상 경험에 비추어 그랬는지는 모르겠으나 평양 전시를 굽어내려 볼

수 있는 모란봉을 외적으로부터 확보하는 것이 평양 방비상 긴요하다고 하여 을밀대를

기점으로 하여 최승대가 있는 모란봉을 싸고 도는 북성(北城)을 축조하였다.

· 그러고 보면 평양에는 외성(外城), 중성(中城), 내성(內城), 북성(北城)

등 네구역의 성곽으로 구분하게 된다.

평양의 북부 금수산(錦繡山)은 주봉 모란봉(牡丹峰)과 을밀봉(乙密峰)으로 나누어져 있다. 모란봉은 그 형태가 모란꽃같다 하여 붙인 이름이라 하며, 을밀봉은 옛날 을밀이라는 선인이 놀던 곳이여서 붙인 이름이라고도 하며, 고구려의 명장 을지문덕의 아들 을밀장군이 여기서 외적 방위에 공훈을 세웠다하여 붙인 이름이라고도 한다.

모란봉에는 옛날부터 봉수대가 있었고 후에 오승대라는 정자를 세웠는 바 그후에 정자의 이름을 최승대로 바꾸게 되었다.

최승대의 창건 년대는 잘 알 수 없으나、서기 一八九四년 청일 전쟁 당시에 일본 군대들이 최승대를 불질러 파괴한 것을 서기 一九二七년에 평양 시민의 열성에 의하여 다시 건축해 놓았다.

을밀봉에는 을밀대가 있는데 이 건축 년대는 지금으로부터 六백여년으로 올라가며, 정자는 그 후 수차의 수리가 거듭되였던 것이다.

을밀대는 아름다운 도시인 평양을 전망하는데 가장 좋은 위치에 있어서 사방이 막히지 않고 전망이 좋기 때문에 사허정(四虛亭)이라고도 부르며, 평양을 방위하는데 가장 적절한 위치에 있기 때문에 외적과의 전쟁시에는 군대를 통솔하며 지휘하는 곳으로 되며 평화시에는 인민들의 유람지로 사용하는 곳이당

특히 을밀대에서 봄을 즐기는 인민들의 모습이 평양 팔경의 하나로 되여 있으며 임진 조국 전쟁시에는 평양성을 방어하기 위하여 나선 평양 시민들이 을밀대를 중심으로 하여 룡라도 저편에서 기여드는 왜적과의 가렬한 전투와 돌격 작전을 하였으며 일시적 후퇴를 위하여서는 을밀대 고지를 지키는 때 전력을 하면서 때로는 을밀대의 소나무에 옷을 걸어서 위장을 해놓고 평양 시민의 피난을 유리하게 하였던 것이당.

을밀대 (평양)

부벽루 （평양）

을밀대에서 고추 대동강 강안으로 내려

가서 산체에 알맞는 관판한 · 자리가 있다.

대동강을 끼고 낭떠러진 절벽 청류벽을 이

루었는데, 여기에 유명한 부벽루가 있다.

부벽루는 외적파의 전쟁시에는 군대를

통솔하며 지휘하던 루각이며, 평화시에는

인민들의 즐거운 유람지이다. 창전 년대는

지금부터 一천년 이전으로 추측되고 루각의

이름은 서기 一二세기 초에 리안이란 사람

이 지은 것이며 임진 조국 전쟁 시기에 왜

적들이 방화하여 소실당한 후 약 二○년만

인 서기 一六二六년에 개축하여 오늘에 이

르렀다.

부벽루의 아름다운 경치를 읊은 시에는

다음과 같은 구절을 볼 수 있다.

징성일면용용수 （崑城一面溶溶水）
대야동두점점산 （大野東頭點點山）

이 구절은 고려 시기 김황원이란 시인이 부벽루에서 바라보는 경치의 장엄을 시로 표현하다가 너무 장엄함에 두줄을 쓰고는 시상이 막혀 통곡하여 내려오고 말았다 한다. 부벽루에서 보면 아름답게 잠든 것 같은 릉라도와 대동강의 잔잔한 물결에 비취인 달밤을 즐기는 풍경을 평양 八경의 하나로 일컬어 왔다.

미제 무력 침략자들의 공중 비적들로 하여 이 아름답고 정다운 부벽루를 一九五一년 一월이래 一〇여차에 걸쳐 폭탄 및 소이탄 투하와 기총소사 등으로써 파괴하였다. 부벽루가 대동강가 절벽우에 위치한 대신에 대동강 물이 초석을 스쳐갈만한 위치에 먼 산과 작은 언덕들과 푸른 물의 조화된 경치가 한데 불려들고 있는 정각, 련광정 （練光亭） 이 있다.

련광정은 서기 一一一一년 （고려 예종 六년） 창건한 것으로 서기 一六七〇년에 근 문적으로 개축하여 현재에 이르렀다. 련광정은 본래 성곽의 한 부속 건물로 전쟁시에

는 외적 방위의 지휘처로 사용하고 명화시

애는 인민들의 경치 좋은 유람처이다.

련광정은 관서 팔경의 하나로서 임진

조국 전쟁 시기에는 왜적을 격멸하기 위하

여 류성룡、김명원、윤두수와 같은 고관 명

장들이 여기에서 회의를 거듭하였으며、당

시 왜적이 임시적 강점서에는 평양의 의기

계월향이가 적장을 여기서 암살하였다는 말

도 있으며、평양을 수복(收復)후에는 우리

군대와 의병대 그리고 명나라 응원군과 협

동하는 작전 계획을 세워 남으로 추격하는

몐]회합을 가졌던 곳이다. 대동문은 평양성

곽의 성문중에 제일 큰 전물로써 이 문을

통하여 대동강을 건너 남쪽 서울로 통하는

련광정 (평양)

대몽문 (평양)

평양의 관문으로 건축년대는 서기 一五七七년이며 그후 서기 一六三五년에 개축하였다. 이는 돌을 잘 다듬어서 홍예 (虹霓) 를 쌓고 그 우에 二층으로 된 목조 루각이 건축되여 있는 바 동양 건축의 특색들이 남김없이 발휘된 것으로 특징적인 것이다.

보통문 (普通門)은 평양 성문중에 가장 오래된 문루로써 평양 북쪽으로 통하는 관문이당. 임진 조국 전쟁 시기 (서기 一五九二년ー一五九八년) 에는 우리 군대와 인민 의병들과 명나라 응원병들이 이 문을 통하여 평양에 들어 왔었다. 임진 조국 전쟁 시기에 왜적들은 이 문에 불을 질러 놓았으나 주변 인민들의 결사적 노력에 의하여 불을 껐으며 미제를 반대하는 조국 해방 전쟁 시기에는 미제 항공 비적이 투하한 소이탄으로 불이 붙었으나 역시 주변 인민들의 결사적 작업에 의하여 불을 꺼버렸다.

이 문의 건축 년대는 서기 一四七三년 리조 성종 四년으로 석축 홍예 우에 二층무로 장중하게 건축되였으며 규모는 대동문보다 작으나 형태나 건축의 기교가 우수한 조선 문루 건축중에 으뜸가는 것으로 대동문보다도 높이 평가할 수 있다.

보통문도 대동문과 같이 보통강 물에 아름답게 비취이던 것이나 보통강의 제방공사가 있은 후부터는 강물이 없어지고, 강가에 있었던 자최는 찾을 수 없게 되였는 바

보통문 (평양)

옛 모습을 전해주는 말에 의하면 보통문 나루에서 나그네를 보내는 광경이 평양 八경의 하나라는 것이다.

칠성문은 평양성의 중요한 성문중의 하나로서 현재 건축은 서기 一七一二년 경으로 인정되며 성곽으로서의 돌을 쌓올린 것이라든지 홍예문의 짜임새 등은 다른 문루보다 특색이 있으며 홍예문 우의 건물은 단충으로 소박하게 되여 있다.

전금문은 서기 一七一四년에 창건한 것으로 현재 평양 북성의 중요한 문루중의 하나로 부벽루의 풍경을 더욱 아름답게 하여 주고 있다.

미제 항공 비적은 一九五二년 八월에 폭탄을 루하하여 완전히 파괴하였다.

현무문은 평양 북성의 중요한 위치에 있는 문루이며 창건 년대는 서기 一七一四년 리조 숙종 四〇년이고、 一八九四년 청일 전쟁 때 격전이 있었던 관계였는지 퇴폐되였던 것을 그 후에 개건하였다.

부벽루 부근에 고구려 시기의 창건이라고 전해 오는 영명사 절터와 새로 건축하였던 영명사가 있다.

원래 조선에 불교가 전파된 것은 서기 三七二년에 『순도』라는 중이 중국에서

상과 경전을 가지고 고구려에 들어온 데서부터 비롯한다. 이어 서기 三七四년에는 『아

도』라는 중이 고구려에 들어왔으며, 그 다음해에는 평양에 처음으로 불사 (佛寺) 가

건축되였고, 서기 三九三년에는 평양에 아홉개의 불사를 창건했다고 한다. 영명사는

바로 이 아홉개의 불사 중의 하나이라고 전하고 있다. (이 기록에는 불교 수입 년대

와 불사 창건에 대한 지역적 관계에는 약간의 의심할바 있다).

이 영명사 외에 고구려 시기의 사지 (寺址) 로서 고구려 사찰 건축의 형식을 찾아

볼 수 있는 청암리에 있는 금강사지와 상오리의 사지가 있으며 서평양 인흥동에 중흥

사 사지로 추측되는 찰간지주 (혹은 당간지주라고도 부른다) 가 남아 있다.

영명사는 서기 一八九四년 청일 전쟁 때 병화에 의하여 소실당하고, 재전하였던

것을 一九五一년 미제 항공 비적들의 수차에 걸친 폭탄 및 소이탄 투하로 흔적도 없어

졌고 남은 것은 고려 시기의 석탑으로 사리탑과 五층 석탑이 있다.

사리탑은 고려 시기는 특징이 있는 것으로 탑면에 조각된 부각들에서 우

수한 기교를 찾을 수 있다.

고구려 시기 영명사의 옛터라고 전하는 유적은 전설에 의하면, 본래는 고구려 시조

동명왕 (서기전 三七년에 임금으로 되였다고 전하고 있다) 이 살던 구제궁 (九梯宮)

이 여기에 있었다고 한다.

그 옆에 기린굴 (麒麟窟) 이 있는 데 이곳은 동명왕이 룡마를 기르던 곳이라 하며,

동명왕은 죽을 날이 가까워 오자 흰말을 타고, 이 굴과 련통하였다는 대동강 물가 속

칭 조천석 (해방탑에서 내려와서 세거리 앞에 보이는 대동강 가운데 있는 바위임) 이

라는 암석 우를 거쳐서 하늘로 올라갔다고 한다.

이와 같은 전설은 단군 신화와 기자전설 등의 류포와 동류의 것으로, 이것이 나아

가서는 단군과 동명왕을 한군데서 제사하는 숭령전 (崇靈殿) 과, 기자를 제사하는 숭

인전 (崇仁殿) 이 나타나게 되였다.

이러한 전설은 확실한 것이 아니나 부벽루의 초석 몇개가 고구려의 유물이요, 고

구려의 기와 조각이 부근 일대에 산재한 것으로 보아 이 부근에 고구려 시기의 대 전

축물이 있었다는 것은 확실히 추측할 수 있다.

외성 지구 지금 평양역 부근에 소위 기자정전의 유지가 있는바 이곳에서는 도시

계획처럼 구획을 하고 거리의 모롱이에는 돌 기둥을 세워서 표식한 유물이 나타나며,

인방으로는 고구려 전기 또는 락랑 고분에서 볼 수 있는 유물들이 나타난다.

그리하여 소위 기자 우물이 역전 길가운데 있으며, 기자가 있었다는 구주단이 있

으며, 리조말에 건축한 기자 제궁이 남아 있다.

기자에 대한 이와 같은 전설은 칠성문 밖에 기자릉을 두께 되였는바, 원래 이 기

자묘는 (고구려 시기의 무덤이 아닌가 생각한다) 一五九二년에 평양에 기여둘었던 왜

적이 도굴을 시도하였으며, 서기 一八八七년에는 당시 평안도 감사 민영휘가 이 묘를

롱으로 만들고, 봉건적 인민 착취의 한 수단으로 만들었던 사실이 있다. 이 무덤 앞에

있는 문인석 무인석들과 정자각은 리조 릉묘 형식의 간략한 전형으로 되고 있다.

본래 기자에 대한 전설은 서기 一二세기 경부터 단서를 찾을 수 있는바, 그 후에

리조 시기 유교 학자들이 리상화한 가상적 통치자로 되였다.

숭인전 (崇仁殿) 은 서기 一四三○년에 건축하였는바, 이는 평양에 현존하는 고

건물 중에 가장 오래된 것이다. 이 건물의 특징은 네모세기의 기둥이 중간에 있는 기

둥보다 약간 앞으로 나왔으며, 높이도 전부 갈지 않고, 네모세기의 기둥들이 충간에 있

는 기둥들보다 약간 높아서 평면과 높이의 추녀동이 얇은 곡선으로 그려져 있어서 건

숭인전 (평양)

축상의 조화가 아름답게 보이고 기둥들의
엔타시스를 이루어 기둥 하나까지도 미술
적으로 보이는 조선 건축의 기본적 형식을
찾아 볼 수 있다.

숭인전은 임진 조국 전쟁 시기에 패주
하는 왜적의 방화로 말미암아 동반부가 파
괴되였던 것을 서기 一五九五년 四월에 평
양 시민의 열성으로 이 고귀한 건물의 보수
공사에 착수하여 九개월만에 완료하였었다.

그후 一九五○년 조국 해방 전쟁 시기에는
미제 강도들이 숭인전에 무수한 폭탄과 소이
란을 퍼부어서 심대한 손상을 입게 되였다.

그러나 조선 로동당과 공화국 정부와
경애하는 수령 김일성 원수의 직접적 지도

하에 대보수 공사를 시작한지 三七일만인 一九五四년 四월 二八일에 완료하여 평양 시

민의 즐거운 유람처로 만들어 놓았다.

숭인전 옆에 있는 숭령전 (崇靈殿) 은 평양의 전설과 결부된 단군과 동명왕을 합

하여 제사하는 전물로 건축 년대는 서기 一七二五년이다.

금수산 북쪽 봉우리에서 산마루를 타고 동으로 가면, 주암산 (酒岩山) 이 있으며

이 산 이름은 돌틈에서 술이 흘러 내렸기 때문이라 한다. 주암산에서 흐르는 술이 런광

정 절벽 아래 기괴하게 뭉치인 바위가 대동강의 격류를 떠받아 평양 시가를 보호한다

하여 이름지은 덕암으로 그 술이 감돌았다는 전설이 있다. 그리고 주암산 아래 서쪽의

마을은 흥부라고 부르는 데, 이 지명은 주암산에서 흐르는 술줄기 가에서 잔을 일으킨

다 하여 흥배 (興杯)란 말에서 생겼다 하며, 평양이 파거로부터 소주의 명산지인 것도

여기에 근원을 찾는다고 한다.

주암산을 싸고 도는 주위 약 五키로메타의 청암리 성지 (淸岩里 城址) 와 청암리

에서 동북으로 마주 보이는 대성산 (大聖山) 성은 고구려 시기 전기의 유적이다. 청암

리 성지 안에는 고구려 도시의 유적들과 많은 건축의 유물들이 발견되며, 대성산 성은

전쟁 시기에는 방어와 피난의 장소로서 산의 자연적 지세를 리용하여 주위 약 八키로 메타의 입석으로 성을 축조하였다 이 산성에는 산악의 분지를 리용하여 못이 九九개 소가 있었다고 하며 전축 유지가 있어서 그 시기의 기와가 많이 발견된다.

대성산 남쪽에 고구려 시기의 옛 궁지가 있는 데、 이 궁지는 현존한 고구려 시기 궁지 중에 규격이 정연한 것으로 대표적인 것이다. 이 궁지는 이느때 이느 왕의 궁이였는지는 알 수 없고, 혹은 안학궁의 옛 자리가 아닌가 하는 말도 있으나 믿기 어렵다.

다만 이 궁지 안에 큰 건물들과 소장원같이 만든 산과 못이 있었던 자취와 그 시기의 유물들이 현재도 발견되고 있다.

련광정 서북쪽에 종각이 있다. 이 종각안에 있는 종은 밤 二경 곧 오후 十시경에 二八점을 울려、 평양성의 성문들을 단아 통행을 금지시키고、 밤 五경 곧 오전 四시경에 三三점을 울려 평양성의 성문들을 열어 통행 금지를 해제하던 것이며 또한 화재、 수재의 재변과 나라에 경사가 있을 때마다 울려 오던 것이다. 이 종은 서기 一七二六년에 만들어서 대동문 문루에 두었던 것을 종로 한구석에 두었다가 당시 대동문 서북편으로 옮긴 것으로 현재 북반부에 있는 종 종 가운데 가장 크고 리조 시기 종 가운데는 순없는 훌륭한 예술품이당. 이 종은 一九세기 말까지 계속 평양 시민에게 시각을 알렸으며 二〇세기 초엽까지 오정을 알리고 있었당.】

二、고구려 시기의 고분

1 악 랑 고 분

대동강 하류 연안에는 지금부터 약 二천년 전에서 一천 四백년 전까지에 이르는

봉안의 옛 무덤이 많이 있다. 이 무덤을 종류별로 나누어서 편의상 악랑(樂浪) 무덤

(혹은 한식 고분이라고 부른다)과 고구려 무덤으로 나눌 수 있다.

악랑 무덤의 분포는 평안남도의 대동강 하류 지역에 가장 많으며 대동강을 중심으

로 하여 가까운 황해도 재령강 하류 연안과 청천강 하류에도 있다.

그중에서도 평양시 악랑리, 장진리, 오봉산에 걸친 동、서 약 四키로메타、남、북

약 一〇여키로메타 면적의 지역에는 확인할 수 있는 것으로 一천 三백 여개의 악랑 고

분이 밀집되여 있다.

전곽분 외경 　(평양)

이 고분은 그 형태로 보아 두가지로 나눌 수 있는바 한 종류는 여러가지 무늬를 아름답게 새긴 벽돌로 둥그렇게 쌓아 올린 전곽분(塼槨墳)이요、또한 종류는 굳은 각재를 잘라서 네모로 쌓아 올린 목곽분(木槨墳)으로 각각 그 우에 흙을 덮는다.

이 두가지 형태는 악랑 고분의 전형적인 것으로、평양시 모란봉 국립 중앙 력사 박물관 구내에 원형 그대로 옮겨 놓은 것들을 보면 잘 알 수 있다.

이러한 고분에서는 많은 유물들이 발견되는바、二천년전 우리 선조들의 미술적 재능과 공예 제작의 기술을 엿볼 수 있는 동양 미술사상에서 귀중한 재료인、채협을 비

三五

롯하여 각종 칠기, 청동거울, 각종 무기,
금,은, 옥제 장신구들과 기타 그릇 등을 들
수 있다.

칠기는 동양 고대 공예 기술 중에 높은
수준을 증명하는 유물로서 오늘에도 미술적
가치와 실용적 가치는 높이 평가받고 있으
며, 출토되는 량에 있어서도 다른 나라들이
따르지 못하고 있다. 이와같은 칠기는 기
원 一세기~二세기에 만들었다는 년호가 씌
여 있는 것들도 있으며, 고운 칠, 여러가지
아름다운 그림 또는 문양을 그려 넣고 테두
리에는 금이나 동으로 장식을 한 것도 있다.

채협은 그 실용적 가치도 우수하지만
표면에 그린 그림들과 도안이 아주 미술적

전판분 내부

으로 된 점에 특징이 있나. 그림에는 인물들이 많이 그려져 있는 데, 그 인물들이 하나

하나가 다 움직이는 것 같은 사실성을 찾을 수 있다. 칠기나 채협에 그려진 그림들은

동양 미술 사상에서 가장 오래된 것으로 자랑하는 것이다.

악랑 고분들에서 출토된 청동 거울들에는 여러가지 산수 짐승과 각종 무늬들이 섭

세하고 아름답게 새겨져 있으며 여기에는 고운 선이 나붓기는 도안들이 두드러지게 혹

은 상감으로 새겨져 있다.

이 외에도 금 은제 목걸이, 팔지, 반지, 귀고리, 또는 추정으로 새긴 새 모양의

유물, 나무로 만든 작은 말(목마), 소꿉질에 쓰는 것같은 부엌의 일체 도구들이 발견

되며, 여러가지 무기들과 여러 종류의 그릇들이 나타난다.

이러한 유물들과 유적들이 나타나는 것으로 미루어 보아 일제 어용학자나 일부 파

거 학자물은 말하기를 평양은 중국 한나라 무제가 원봉 三년 (서기전 一〇八년) 위씨

조선을 정복한 후 그 자리에 두었던 네개 군 중의, 하나인 악랑군이란 것을 증명하며

고 하였다.

그러나 이러한 말은 일제 어용학자들의 립장에서, 조선 민족문화 말살정책에 순응

꽈꽈분 (평안)

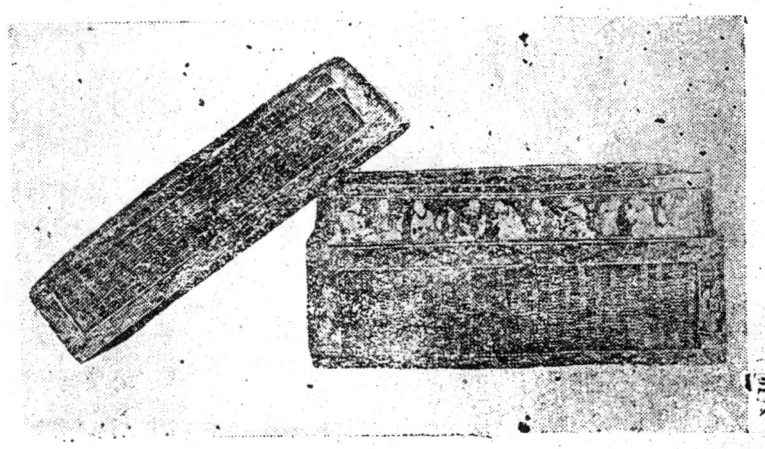

목곽분에서 춘고된 째렬

하여 자기들의 견해를 합리화하려는 데서 출발하였으며 일부 학자들도 유물이나 유적

만 따지고 문헌을 깊이 연구하지 않는 데로부터 온 속단일 것이다.

그러나 평양 대동강 남안에 있는 악랑토성 자리가 있다는 것과, 악랑 고분들과 그

유물들이 많이 있는 것으로 보아 지금으로부터 二천년 전에 중국과의 사이에 륙지묘나

바다로나 교통 왕래가 빈번하였었으며, 한 (漢) 나라 사람들이 우리 조국의 강토안에

와서 살면서 높은 문화를 전파시켰다는 것만은 부인할 수 없다. 또 이것들은 중국의 문

화를 옳게 섭취 발전시킨 우리 선조들의 창발성을 찾는 데 귀중한 유적들이며 유물물

이다.

무덤과는 관계가 없으나 악랑 무덤과 함께 이야기꺼리가 많이 되고 있는 평남 온

천군에 있는 "점제비" (秥蟬碑) 라는 비석이다. 이 비석은 높이 약 一메타 七○쎈치

폭 약 一메타 二○쎈치 비석의 두께 약 一二쎈치로서 일곱줄 八○여자를 새긴 것이다.

그 내용은 옛날 악랑군 점제현의 최고 관리자가 풍년이 들도록 제사드리고 빌었다는

것이다.

이 비석이 조선안에서 오래된 비석으로 유명한 것이며 새긴 글자가 중국 동북 습

안에 있는 광개토왕 비와 신라 진흥왕의 순수비들과 비교해서 연구할 필요가 있다. 그

러나 비석이 있다고 하여서 비에 씌여진 내용을 가지고 그 비석이 서 있는 곳을 바로

한나라 四군의 하나인 악랑군의 점제현이라고 해석하려는 것은 지나친 생각이 아닌가

생각된다.

2 고 구 려 고 분

고구려 시기의 문화를 알 수 있으며, 그를 연구하는 데 귀중한 재료로서 고구려 고

분들을 들 수 있다.

고구려 고분은 현재 평안남도、황해도、평안북도、자강도의 각지에 분포되여 있

으며 이러한 고분은 한때 고구려 국가의 정치、문화의 중심지였던 중국 동북지구、즉

안현(輯安縣)에도 많이 남아 있다.

조선 안의 고구려 고분은 대동강 류역 하류 지방에 많이 남아 있으며、그 중에서

、

묘 평양시 동북방의 대성산 아래 남쪽에서 시작하여 승호군 황해도 강남군 중화군에

접치는 지역에는 크고 작은 고구려 고분이 수천개가 밀집해 있는 것으로 유명하다.

고구려 고분은 대개 돌로 방처럼 만들고 그 우에 흙을 덮었기 때문에 멀리서도 눈

에 잘 띄우게 되여 있으며, 이 무덤의 입구는 남쪽에 있다. 형태와 구조는 여러가지로

나눌 수 있으나 특징적인 점을 간단히 말한다면 다음과 같다.

높이 三메타 이상 폭이 四메타 이상의 넓은 화강암, 석회암을 그대로 깎아 세워

서 방처럼 만든 것과 돌을 여러 층으로 쌓아 올려서 내부에는 석회를 깨끗이

발라서 방을 만든 점과 내부에 여러간의 방과 공간을 만들었으며, 거기에는 곱게 다듬

은 돌 기둥을 세워 방안을 보기 좋게 꾸민 것과 돌 괴임으로 쌓아 올려서 층층이 폭을

좁혀 천정을 만들어 놓은 점이다.

이와 같은 고분들에서 우리는 고구려 시기 건축 기술의 발달 수준을 찾아 볼 수 있

으며, 높은 미술 수준을 넉넉히 알아 볼 수 있다.

「한왕묘」(漢王墓)는 승호군 한왕리에 있는데 형태가 크기로 유명하다. 무덤의

높이는 약 一二메타, 평면 좌경은 약 五五메타이며, 내부의 현실(玄室 — 주검의 관을

넣는 방)은 동, 서, 약 三메타 五〇쎈치 남, 북, 약 三메타 三〇, 지면에서 천정까지의

높이는 약 三메타 五〇이다.

『천왕지신총』(天王地神塚)은 평안남도 순천군 신창리에 있는 고구려 벽화

고분으로써, 벽에 그린 인물에는 천왕지신이란 글자가 씌여져 있기 때문에 불리워진

이름이다. 이 무덤은 내부 방이 두간으로 되여 있으며, Y형으로 된 돌로 만든 두다리

(활기)가 좌, 우 벽에 걸쳐서 옷벽을 치받고 있으며, 조선 목조 건물에서 특징적으

로 볼 수 있는 두공(斗栱)을 돌로 만들어 목조 건축의 형식을 사용하고 있다.

이 고분은 고구려 시기의 목조 건물이 남아 있지 않는 만큼 당시의 목조 건축술의

탁월한 기술을 엿 볼 수 있는 귀중한 자료로 된다.

이 무덤에서 강을 하나 사이로 둔 룡봉리에는 현실이 네개가 있고, 벽에는 묘동성

을 그리고 묘동성이란 글씨가 씌여 있는 고구려 고분을 一九五三년 봄에 발견하였는

데, 이 무덤도 고구려 고분 중에 특징있는 것으로 알려져 있다.

『강서 세무덤』(江西三墓)은 평양에서 거리가 약 二五키로메타이며 강서읍에서

서쪽으로 二키로메타 지점인 강서군 삼묘리에 있다. 이는 고구려 고분으로 대, 중의

두개 무덤은 내부에 현실이 있고 현실의 벽에는 그림이 있으며, 나머지 한개의 무덤

만은 내부에 그림이 없이 흙으로만 덮은
무덤으로 대、중、소 세개가 있기 때문에
세무덤이라 부른다.

　제일 큰 무덤의 높이는 약 八메타、무
덤의 평면 직경은 약 五一메타로서 내부
의 현실에는 거대한 우량질 화강암으로
축조되었다。 이 화강암 벽면을 정교롭게
깎아서 직접 그 돌 바탕에 아름다운 색
갈로써 종이나 천 (캄바스) 에나 그리는
것 같이 섬세하고 자유 자재롭게 그려놓
았다。

　그림은 동、서、남、북을 상징한 사신
(四神) 인 청룡 (룡)、백호 (호랑이)、
주작 (공작같은 새)、현무 (뱀에 감긴 거

강서 삼묘 원경 (강서)

四二

삼묘리 벽묘 무시도 (상서)

북)를 그렸는데 이 짐승문은 괴상한 형태의 상상화이나 그린 수법은 웅장하고 활기가 있어 관람하는 사람으로 하여금 피상한 동물들이 육박해 오는 듯한 현실감을 주고 있다. 색채를 쓴 정도라든지 아롭답게 미끌어진 기교라든지 그림의 원근법이라든지가 고려 시기 회화의 물본이요, 조선 고대 회화의 극치라 반할 수 있으며 동양 회화 사상에서 특출한 것이며, 세계 미술사에 크게 이바지하는 것으로 된다. 이외에도 고임을 쌓울던 천정의 계단부에 있는 날아가는 선인의 그림, 산의 모양, 날으는 구름무늬, 기린의 그림 련꽃, 당초등 무늬들이 다채롭게 그려져 있어서 고구려기의 찬란한 미술의 전당을 이루고 있다.

현실 안에는 돌로 만든 관대 끝 목관을
올며 놓았던 두개의 대가 상처럼 나란히
놓여 있고, 중묘에는 이 관대가 없다.

중묘의 내부도 대묘처럼 그림을 그렸는
바、약간의 차이는 있으나 대체로 대묘와
같이 우수한 그림들이다.

『안악 고구려 벽화 고분』은 세개가
있는데 제一호 고분과 제二호 고분은 황해
도 안악군 삼산리에 있고、제三호 고분
안악군 유순리에 있다. 제一호 제二호 고
분들에는 인물의 그림、달타고 사냥하는 그
림、각종 무늬들이 아름답게 그려져 있다.
그중에도 제二호 고분의 천꽃을 뿌리면서 하
늘로 날아가는 선녀의 그림은 아마도 그 낭

하무덤 원경 (안악)

시 조선 녀성의 고운 얼굴과 몸맵씨를 잘 그려서 사실적 화풍을 찾을 수 있는바 어

면 학자의 말에 의하면, 조선에서 으뜸가는 미인의 그림을 보려거든 안악군 제二호 고

분의 하늘로 날으는 선녀의 그림을 보라고 까지 말하고 있다.

『안악 제三호 고분』은 내부가 큰 것과 또는 내부의 방들이 많은 점과 벽에 그림

들이 다양한 점에서, 고구려 고분중에 첫 손을 꼽는 것이다. 내부의 길이 약 一〇메타,

폭 약 八메타로 방은 전 후와 좌우의 네개와 입구의 방、구불어진 회랑이 있고 돋

기둥들이 전 후에 보기 좋게 서 있기 때문에 얼른 보기에 고대 지상 건축물들에서 볼

수 있는 우수한 건물의 한모새기 같이도 보인다.

벽면에는 귀족이 호화롭게 차리고 앉아 있는 그림、그 부인의 그림、그돌을 시종하

는 여러 사람들의 그림、그 부하들의 그림、여러가지 차림 차림을 한 여러 계층으로 된

군인의 그림、고기 창고의 그림、외양간의 그림、각종 수레의 그림、씨름하는 그림들

은 그 당시의 문화와 풍습을 알아볼 수 있는 귀중한 자료들이며、용감하였던 고구려

시기 인민이 사용하던 각종의 무기와 투구、갑옷등의 모양을 보여주고 있다.

특히 회랑의 동쪽 넓은 벽면에는 각종의 깃발을 앞세우고 음악대를 세우고 군인

틀이 갑옷을 입힌 말도 타고、호화로운 수레를 탄 주인공을 앞세우거니 뒷세우거니

하면서 수백명이 행렬하는 그림이 있는 데、이 그림에서 당시 군인들과 귀족들의 차림

차림과 각종 악기들은 고증할 수 있는 훌륭한 자료를 볼 수 있는 고적이다。

그런데 이 무덤이 중요하게 학계에서 론의되는 것은 주인공의 초상화가 있는 서측

설 입구 좌면 벽면에 있는 사람의 그림 우에 쓴 다음과 같은 글자들이다.

和十三年十月戊子朔廿六日

☒丑使持節都督諸軍事

平東將軍護撫夷校尉樂浪

舊昌黎玄菟帶方太守都

鄕☒侯幽州遼東平郭

郡鄕敬上里冬壽字

☒安年六十九薨官

(☒는 「알기 어려운 글짜」)

이 글짜로 미루어 보아서 그 무덤의 주인공이 누구인가를 알 모로쎄, 조선 력사에서 알지 못하였던 어떤 문제가 해결되지나 않는가 하여 여러 학자들이 이를 연구하고 있는 것이다.

『쌍영총』(雙楹塚)은 평안 남도 룡강군 진지동에 있는 데 이 고분은 무덤안에 기둥이 둘이 있기 때문에 불인 이름으로서, 벽면에는 무덤의 주인공인 듯한 부부의 그림과 그물 따라 시종하는 사람의 그림과 말부리는 사람, 기마의 그림이 훌륭히 그려져 있는데 이 고분은 고구려 고분중에 그림은 잘 그린 점으로 유명한 것 중에 하나이다.

여기서 가까운 곳에 『대총』(大塚)이 있고 린근에 수십개의 고구려 고분이 있어

쌍영총 무시도 (룡강)

四八

서 평양 대성산 부근의 고구려 고분이 모여 있는 지대에 비하여 다음으로 갈만큼 많이 널려 있다.

『진파리 고분』은 평안남도 강남군 진파리에 있는 一〇여개의 고분을 가리킨다. 여기에는 고구려 시조왕 동명왕의 무덤이라고 전하는 동명왕 릉이 있고 그 주변에 흩어한 벽화 고분들이 있다. 동명왕 릉은 사실에 있어서는 거짓이고 一九세기 八〇년대에 평안도 관찰사로 왔던 민병석이란 자가 인민 착취를 위하여 이릉 모를 무덤을 동명왕 릉이라고 부르면서 조정으로부터는 법적 승인을 받았던 것이다. 동명왕 릉은 一九五〇년에 발굴하여 보았으나 그를 증명할만한 근거는 하나도 나타나지 않았다.

三. 국경의 고적

1 의주 부근의 유적

의주는 그 위치로 보아 조선의 북방관문으로 오랜 옛날부터 중국과의 교통의 요로이며、 조중 인민의 친선을 도모하며、 조선과 중국 사이에 정치적 경제적 문화적으로 련계를 갖는 중요 지점으로 되여 왔다.

의주는 압록강 하류에 자연 풍경이 가장 아름답게 조화된 곳에 차리잡고 있기 때문에 명승 고적이 많다.

그리하여 의주 주변에는 동북 二五키로메타 지점에 있는 방산진에는 세종조에 축조한 석성을 비롯하여 옥강성、 고정주성、 고령주성 등 많은 성들이 있다. 의주 읍성은 주로 리조 시기 초부터 수차에 걸쳐 성을 수축 및 증축을 하여 북방 방위에 대비하였던 것이다。

　외주는 력사상으로 각 시기를 통하여 그의 면모도 여러 차례 변천하였으며 이 지
방에 자리잡은 인민들도 교차가 많았으리라는 것을 짐작할 수 있다。

　의주가 중국과 련결하는 국제 도시인 관계로 중국에서 조선으로 들어오는 국가의
사신이나、 조선에서 중국으로 향하는 사신들이 의주에 일단 머무른다。그렇기 때문에
조선에 들어서는 외국 인사가 조선을 보는 첫 도시인 만큼 도시의 외모、인민의 풍습
의복과 음식 솜씨까지가 서울을 모방하였기 때문에 북반부의 여러 고을 중에서 가장
이름난 곳이다。

　뿐만 아니라 조선 인민의 력사상 특기할 승리의 기록을 남긴 임진 조국 전쟁 시기
에 인민들은 침략자 왜적을 격멸하는데 총 궐기 했으나、 무능한 봉건 통치 계급들은
선조왕을 대동하여 의주로 피신하며 한때는 림시 수도가 되였던 관계로 그와 결부된
가소로운 일화와 그들이 뿌린 약간의 생활 풍습이 남아 있다。

　임진 조국 전쟁 시기에는 왜적을 격멸하기 위하여 조선 전선으로 출동된 중국 응
원병들이 의주에 도착하였고 여기서 조 중 군대의 협동으로 되는 첫 작전이 시작되여

우리 강토에 기여 물었던 왜적을 소탕하여 버렸던 것이다.

그리하여 임진 조국 전쟁 시기에 명나라 병마(兵馬)들이 머물렀던 곳 청마랑

(淸馬廊) 이 의주읍에서 북쪽 二키로 압록강변에 생겼으며 지금도 그 지역을 그대로

부르는 것도 우연한 사실이 아니다.

위화도는 의주읍에서 약 三키로 북으로 압록강 가운데 있는 섬이다. 이 섬은 조선

력사에서 잊지 못할 유적으로 되였다.

고려와 원나라 사이에 때로는 왕족들간의 결혼 관계를 맺어가면서 싱당히 친근하

였으며 그렇기 때문에 문화와 풍속도 많이 수입되였었다. 그러던 차에 몽고족의 봉건

왕조 원나라가 망하게 되고、한족의 봉건 왕조 명나라가 성립되자、고려 정부 내에는

친원、친명의 두파로 갈리우게 되였으며, 그래도 원나라에 동정한 일부 지배층들은 명

나라의 령토중 료동을 빼앗을 것을 결정하였다. 그리하여 서기 一三八八년 四월에 우

왕 자신은 八도 도통사가 되여、개성에서 평양으로 나아왔고 그의 명령에 의하여 조민

수를 좌군부통사、리성계를 우군 도통사로하여、五만 군사를 거느리고 의주 앞 위화도

에 이르게하였다. 이때 압록강을 건너 료동을 침범하는 것을 반대하던 리성계는 조민

통군정 (의주)

수를 달래여 五만의 군사를 돌려세워서、 평
양에 있던 왕과 그 측근자인 충신 최영을
물리치고、 드디여 왕권을 빼앗게 되였다.

이것이 유명한 조선사상의 위화도 회군
이다.

지금 위화도에는 리성계의 회군을 기념
하는 간소한 고 건물과 비가서 있다.

· 통군정은 언제 창건되였는지 알 수 없
으나 고려 성종 九년 서기 九九〇년에 편
찬된 「임사홍기」에 쓰기를 어느때 창건되
였으며、 누가 정자의 이름을 지었는지 알
수 없다는 기사가 있는 것으로 보아 고려
초기부터 있었다는 것을 알 수 있다.

임진 조국 전쟁시에 의주에 도착한 선

조왕은 재상 윤두수、리항복 등 여러 신하를 거느리고 통군정에 올라가서 침략자 왜적

을 격멸하기 위한 계책을 의논하였다.

통군정은 압록강의 아름다운 경치를 앞뒤로 볼 수 있는 삼각산、웃봉우리에 자리

잡았는바、관서 팔경의 하나'로 관서 팔경중에도 가장 장쾌하고 화려하게 꾸며져 있는

정자로서 조국 방위를 위한 통군의 호령을 내리던 곳이다.

남문은 북방 방위의 제일 관문인 의주 성곽의 대문으로 리조초기 성곽 건축 중 우

수한 건축미를 찾아 볼 수 있다.

이 남문루는 일명 (一名) 래훈루라고도 하며 국경 북변의 소재를 발하는 강변루라

고도 하며 전면에는 외국과 조선의 국제 교통로의 제일 관문이란 것을 표시한 해동제

一관이라 쓴 대편액이 붙여 있다.

현재 남문루는 서기 一五二一년 창건으로 그 후 서기 一七六七년에 재건하였다.

의주에는 임진 조국 전쟁 당시 선조왕이 피난하였던 곳이여서 그의 행궁으로 익원

당과 취승당이 있었다. 익원당은 서기 一六二七년 병화에 의하여 소실당하고 서기 一

四九四년에 창건한 취승당은 一九五二년 미제 침략자들의 폭탄 루하로 말미암아 없어

지고 말았다.

2 철옹성과 구주성

녕변읍은 고을을 둘러 싼 첨한 산세를 리용하여, 외부로부터의 침입을 방위하기 위하여서 자연적으로 된 요새이다.

그리하여 그의 형상이 철옹같으며 거기에다 약산을 리용한 약산성과, 읍성이 중첩되여 있어서 철옹성이라고 부른다.

약산동대는 관서 팔경 중의 하나이며, 기암 절벽과 산에는 푸른 소나무가 우거지고 꽃들이 만발한 경치는 옛날부터 인민들의 노래에도 많이 불리워지고 있었다.

의주 남문 (의주)

녕변/ 남문은 평북 성문 중 의주 남문의 다음으로 꼽히는 오래되고 우수한 문루로

서 현재 건물은 서기 一七八九년의 건축이다. 녕번의 고명을 따라 고연주성이라고 하

며 완월루 또는 만뢰문이라고도 부른다.

객사인 철웅관은 옛날부터 명주와 비단으로 이름난 녕번을 찾는 손님들의 휴식처

이였으며 그 앞에 언무루가 있었으나 一九五二년 미제의 만행에 의하여 소실되였다.

륭승정은 읍의 중심부에 련못 가운데 자리잡은 풍경 좋은 정자로서 녕번의 모든

경치와 아름다운 모습을 즐길 수 있는 유람처이다.

약산동대는 옛날부터 봄에 피는 진달래꽃 광경을 민요로 불러 찬양하였으며, 이

산중에는 천주사、 서운사들이 있어 등산객의 유흥을 더욱 북돋고 있다.

구주성은 평안북도 구성의 성곽인데、 이 구성읍은 고려시기부터 자연적으로나 지

리적으로 요새지로서 이름이 있다. 그리하여 거란의 침입을 방어하기 위하여、 또는 몽

고의 침입을 막기 위하여 방비를 항상 견고히 하고 있었다.

특히 서기 一二三二년에는 몽고의 대군이 침입하여 의주성과 철산성을 항복시키고

구주성에 육박하게 되였다. 그때 서북면 병마사이였던 박서장군은 삭주、 위원、 태천 등지

의 군대와 합체하여 구주성 방위에 나섰다。 몽고군은 모든 계략과 많고 우수한 무기를

가지고 공격해 왔으나 박서장군은 한달 이상의 격전을 거듭하는 동안에 그때 그때마

다 새로운 전술을 써서 공격을 물리쳐 버렸다。 그리하여 몽고군의 한 장군은 자기가

어렸을 때부터 전쟁에 종군하여 천하의 여러 성을 공략하였으나 이와같이 성을 고수하

면서 투항하지 않는 실례는 처음 보았다 라고 말하면서 물러갔다。 그리하여 구주성은

조선 인민이 전투에서 발휘한 용감성과 영웅성을 전하고 있는 빛나는 고적이다。

3 조선의 만리 장성

북경관성 (北境關城) 은 조선의 장성, 또는 만리 장성이라고 부른다。 고려 시기에

거란의 침입과 녀진의 침입을 막기 위하여, 많은 군사적 장비를 하여 왔던 대표적 실

례를 들 수 있다。

이 장성은 압록강 입구 의주군 녕해진에서 시작하여 구성、 태천、 운산、 녕변、 개

천、 덕천、 녕원을 지나 철옹성 (맹산) 의 산성을 리용하고 배량산맥의 험산을 리용하

여 함경도 영흥에 이르러 해안을 거쳐 정평 평야를 지나 정평 해안 광포 (도련포) 의

선덕성에 이르는 연연 一천여리로 산세를 리용하였고 토성을 쌓고 평야와 부분적 지역

에는 높이 약 八메타—두께 약 八메타의 돌로 쌓은 성으로 지금은 대부분이 없어졌다.

이 장성의 축조는 고려사에 나타난 것으로 보면 고려 덕종 二년 (서기 一○三三년)

八월에 평장사 류소에게 명하여 북경관성을 축조하였다고 한다.

물론 서기 一○三三년에 처음으로 축성하였다고 말하기 보다 그전에 부분적으로

축성하였다는 것을 고려사 기록에서 찾아 볼 수 있다.

또 그 후에는 서기 一○三五년、 一○四一년、一○四四년、 一○五五년에 걸쳐 수차

의 공사를 거듭하였던 것이 기록에 나타나 있다.

대체로 지금 많은 혼적은 있으나 정확한 것은 알 수 없다.

4 동북 경계의 고적

장성과 함께 동북경 계의 九성을 들 수 있다.

동북계의 녀진 침입을 방어하기 위하여 고려예종 三년 (서기一一○八년) 을 전후

하여 녀진과의 공방전이 수차 있었는 데 이러한 관계로 도원수 윤관을 시켜 동북계의

九성을 축조하였다. 九성의 이름은 다음과 같다.

함주성—함흥읍성

영주성—가평고성 (신흥군 중상리)

복주성—한고당 고성 (함주군 대성리)

옹주성—퇴조고성 (퇴조군)

길주성—초원고성 (퇴조군)

공험진—덕산고성 (퇴조군)

통태진—격구정 유지 (흥남시 구룡리)

진양진—오로촌고성 (오로군)

숭녕진—숭봉고성 (함주군)

등으로 지금 명확한 것은 알 수 없으나 당시 고려의 동북방면 경계를 획정하는 지역을 지금의 함흥 부근으로 설정한 것이며、 그렇기 때문에 이 九성과 기타 많은 성과 산성들이 남게 되었다。

그리고 一五세기초 리조 세종 때에는 강계 이북의 압록강 강안을 끌라 무창、 머연、로병、자성등 四군을 두어서 압록강 상류 지대의 국방을 튼튼히 하는 동시에 서기 一四三四년에는 김종서를 두만강 강변에 보내서 종성、 회령、 경원、 경흥、 온성、 무령 등 六진을 두어 두만강 방면의 국방을 튼튼히 하였다。

이리하여 이 때부터 현재 압록강과 두만강을 국경선으로 하는 령토상의 구획이 명백히 되었다。

5 진흥왕 순수비

고려 이전 통일 신라의 북방에 대한 정치 경제적 정책은 잘 알 수 없으나 다만 진흥왕 (서기 五四〇년—五七五년 사이) 이 북방 국경지대를 돌아 다녔다는 것을 전하는.

순수(巡狩) 비로서 마운령비와 황초령비 두개가 함경남도에 남아 있고 또 하나는 서울시외

북한산 비봉에 있으니, 그러고 보면 도합 네개가 있다.

원래 진흥왕 순수비는 경남 창녕군 화왕산록에 하나가

창녕비는 신라와 가야간의 경계선에서 진흥왕 二二년(서기 五六一년)에 신라의

세력이 미친 사실을 기록하여 세운 것이며, 서울시외의 북한산 비봉는 신

라의 세력이 고구려와 백제를 억압하고 한강류역에서 패권을 잡자 진흥왕 一六년(서

기 五五五년)에 전승자 신라의 진흥왕이 북한산에 순행하였던 사실을 전하고 있다.

마운령비는 함남 리원군 마운령맥 운무봉에 있는 것으로 진흥왕 二九년(서기 五

六八년)에 왕이 북방의 경계지까지 순수하여 인심을 수습하기 위하여 많은 부하들거

느리고 여기에 이르렀던 것을 기록한 것이다. 비문은 전一八행으로 전면에 一행 二六

자、 후면에는 一행 二五자가 기록된 력사 연구상 귀중한 유물이다. 함남 리원군 마운

령맥 운무봉에 있었던 이 비석은 지금 홍남시 본궁 함흥 박물관 구내에 옮겨 놓았다.

비석의 높이 약 一메타 五○쎈치、 폭은 三四쎈치、 비석의 두께는 三三쎈치이다.

황초령비에 기록된 그 내용은 마운령비와 거의 동일하고 비석의 크기는 높이 一메

타 一四、폭은 약 五〇쎈치、비석의 두께는 二二쎈치이고 一행 三五자 전행 二二행으로 되여있다. 이 비석은 함남 함주군 황초령에 있었던 것을 현재는 흥남시 본궁 함흥 박물관 구내에 옮겨 놓았다.

6 신라의 옛 성들

진흥왕 순수비 이외에 이름난 신라의 고적으로 전하는 신라의 옛 성들이 황해도에 있다.

신라 국가가 북방에 대한 정치적、군사적 관심은 높아져서 통일후인 경덕왕 二二년 (서기 七六二년) 에 황해도에 六성을 축조하였다.

이 六성은 덕곡성(곡산으로 추측함)、장새성(연안으로 추측)、오곡성(서흥)、휴암성(봉산)、한성(재령)、지성(해주) 이라 한다.

해주 지성은 보통 수양산성이라고 하여 황해도의 성 가운데 가장 크고 장관스런 것으로 현재의 성은 약 二〇〇년전에 근본적으로 다시 축조한 것이다. 이는 신라에서 고

며 리조 시기를 통하여 점점 규모가 확대되였으며 주위 八키로 一七메타 높이 五메타

반의 석축으로 되여 있으며 성안에는 못과 폭포가 있다.

이 산성의 동문에는 옛날 일본 도적들이 침범하였을 때 어두운 밤에 수비하던 병

사가 동문으로 피한 것을 보이게 하였더니, 일본 도적의 무리가 이 문으로 쏜살같이

추격하다가 절벽 아래로 모조리 떨어져 죽었다는 전설도 있다.

한성은 현재 재령군 장수산성으로 추측되는 바 원래는 고구려 시기의 성이라고

해오며 경덕왕때 개축한 것이다. 황해도 금강산이라 한 경치 좋은 장수산의 험한 산세

를 리용하였으며 성안에는 오래된 건물도 있고 옛날 전쟁시에 리용하던 군창 (軍倉)

도 있었다.

휴암성은 현재 봉산군에 있는데 보통 휴류성이라 부르며 고구려 시기에 축조한 성

이다. 그것을 신라 경덕왕때 다시 축조한 것으로 주위 약 三키로메타 지금은 북쪽 一

면의 높이 약 三메타의 성벽만 남아 있으며 가까운 곳에 토성 (사리원에서 서쪽으로

약 一키로메타 지점에 있음) 과 대조되여 있다.

나머지 성들은 분명하지 않으나 여기서 신라 국가가 많은 관심을 두었던 자비령을

물어야 된다.

 황해도 자비령은 험한 산세가 그대로 요새지로 되며 신라와 고구려간에 또는 고구려와 백제간에 이곳을 중심으로 여러 차례의 전쟁이 있었다고 한다. 여기에는 옛 성지가. 남아 있으며 신라 헌덕왕 때에는 북방의 제一선으로 자비령과 평산을 계선으로 하는 三백여리의 긴 성을 축조하였다고 한다.

四、 성천 동명관과 안주 백상루

정천 동명관은 평안남도 성천읍에 있는 객사 건물이다.

객사는 리조 시기에 이름있는 고을이면 다 설치되어 조정으로부터 파견되는 사신이 류숙하게 된다.

성천 객사 동명관은 특히 리조 시기에 외국에서 오는 사신 또는 외국으로 가는 사신들은 여기에서 영접 전송하던 곳으로 유명하다.

동명관은 강선루、통선관、학선관、류선관、반선관、령룡각、숭진각、소요헌、봉래각、집선전、도영헌、림강정、우진각등 三백 三七간이 서료 통하고 모이여 이루어진 아름답고 웅장하며 광대한 건물로서 인공의 미와 자연의 배경이 잘 조화된 장관이 다른 곳에서 찾을 수 없었다.

그리하여 대동강 상류 비루강에 아름답게 비추어진 동명관은 옛날부터 관서 八

경의 하나로 이룸이 났다. 주변에는 옛날부터 산자수명하여 큰 건물이 있었다는 것을

알 수 있는바 지금 남아 있는 자복사 五층 석탑명이 이룸 증명하고 있다.

미제 항공 비적에 의한 피해를 받기전만 하더라도 동명관은 통선관、류성관、강선

루、십이루、조운각、반선관、중문 대문등 연 一〇〇五, 명방메타의 건물이 서로 린접

하여 아름답게 배치되여 있었다.

창건 년대는 고려 충혜왕 때인 서기 一三四三년으로 밀집된 건물로서는 조선에서

으뜸가던 것이 그 후 화재에 의하여 소실되였고 뒤이어 리조 영조 四六년 (서기 一七

七〇년)에 다시 전축한 것으로 리조 시기 후기 객사 전축의 대표적 전물이였었으나

一九五〇년 一二월 一〇일에 미제 항공기의 폭격으로 전부 소실되였다.

안주 백상루 (百祥樓) 는 청천강변에 있는 그리 크지 않은 루각이다. 오랜 시일에

추차의 변동은 있었으나 최근의 건물은 리조 영조 三〇년 (서기 一七五四년)에 전축

한 것으로 경상남도 진주 촉석루와 함께 조선 루각 건축의 대표적인 것이다.

청천강은 조선 력사상에 유명한 강으로 살수라고도 부르고 있는바、안주 부근에

이르러서 경치가 아름답게 전개된다. 여기에 고구려의 명장 을지문덕 장군이 압록강

백상무　（안주）

을 건너 들어오는 수(隋) 나라 백만 대군
에 대치하여 수나라 장군 우문술이 령솔하
여온 선봉부대 一〇여만 대군을 물리친 사
실이 있다. 그때의 정형을 읊은 시가들이
많이 이 강과 백상류와 결부되여 있다.

또한 그 당시의 전투와 결부된 것으로
안주성 밖에 있는 칠불사라는 절이 있다.

당시 을지문덕장군은 이 청천강을 사이에 두
고 수나라 군대와 대치하였을 때, 적군앞에
서 청천강이 얕은 듯이 보이기 위하여 七명
의 중으로 하여금 강물아래 위장해 놓은 다
리를 건느게하고 수나라 군대를 유인하여,
혼란하게 함으로써 전국을 유리하게 전개하
였는바、 이 七명의 중을 기념하기 위하여

六七

창건되였다는 칠불사의 전설이 류포되고 있다.

청천강은 정의의 조국 해방 전쟁시기인 一九五〇년 一一월에 조선 인민군대와 중국 인민 지원군과의 협동 작전으로 북반부의 민주 기지에 기여들었던 미제 침략군대와 그 주구 리승만 괴뢰 군대를 격멸하여 영웅적 조선 인민의 승리를 기록하여 남겨 놓았다.

옛날부터 백상루는 산과 들과 큰 강 물줄기를 멀리 바라다 볼수 있으며 여기에 전개되는 아름다운 풍경과 전투에 긴요한 지대에 자리잡아 전루를 지휘할 수 있는 잡소이고 평화시에는 인민들이 아름다운 조국의 자연 풍경을 바라보면서, 유람하는 줄거운 장소로 되였던 것이다. 이리하여 안주 백상루는 관서 八경의 하나이다.

성천 동명관과 안주 백상루는 순천군 봉학리에 있는 안국사 대웅전과 함께 평남 三대 고 전물이다.

五、 금강산과 묘향산

1 금강산의 유적과 전설

금강산은 조선 인민이 가장 사랑하는 산으로 높은 봉우리, 험한 계곡의 기암 절벽 들과 무지개와 같이 곱게 흘날리거나, 웅장하게 쏟아지는 폭포물과 명경 같은 산골짜기 의 눈물과 창해에 수놓은 기암으로 된 적은 섬들이 종합하여 자연의 일대 장관을 이루 고 있다.

금강산은 계절에 따라 각각 다른 면모를 가지고 있으니, 봄에는 새싹이 돋아나서 파란 비단결 같다하여 금강산이라고 부르며 여름에는 록음이 울창하게 우거져서 봉래 산이라 부르며, 가을에는 붉은 빛 노란 빛으로 단풍이 들어 풍악산이라 부르며, 겨울 에는 앙상한 뼈만 남아있기 때문에 개골산이라 불러, 자연 풍광의 다양함을 말하고 있

당. 그렇기 때문에 조선 인민은 옛날부터 금강산을 보기전에는 산수의 아름다움을 말

할 수 없다 하였으며, 중국인들도 원컨대 고려국에 태여나서 한번 금강산을 보고자

한다 라는 말도 있다.

금강산의 주봉 비로봉 (毘盧峰) (해발 一六三八메타)을 비롯하여 대소 수많은

봉우리를 일컬어 一만 二천봉이라 하며、이를 나누어 내금강、외금강、해금강、신금강

등으로 부르고 있다. 이 아름다운 우리 조국의 풍경은 과거 수많은 화가들이 화폭에

옮겼으며、시인은 시로 표현하였고、민요와 연극에서 금강산을 주제로 삼은 작품들이

많이 남아 있다.

금강산은 이름난 봉우리마다、계곡마다、하나의 폭포마다 전설이 결부되여 있으니、

아름다운 폭포아래와 계곡이 많은 늪에는 하늘에서 선녀가 내려와 목욕을 하다가

동의 작란에 의하여 옷을 잃고、지싱 생활을 하지 않으면 안되였다느니、서기 一〇세

기에 신라가 멸망할때 마의태자가 왕자의 몸으로 기울어지는 나라의 형편을 슬퍼하여

금강산으로 들어가 단발령에서 머리를 깎고、일개 산중의 초동으로 되였다는 전설등이

있다.

산을 줄기는 조선 사람들은 옛날부터 금강산을 찾는 사람이 적지 않았으니、 신라

시기에는 화랑들이 또는 불교가 조선에 들어온 이른 시기부터 불교 승려들의 수도하

는 곳으로 되였으며、 고려 시기에는 왕녀와 귀족의 녀인들의 지극한 관심아래 분교사

찰이 양지 바른 돌째기와 물 맑은 시냇가에 세워졌었다。 그리하여 금강산에는 유점사

(楡岾寺)、 표훈사 (表訓寺)、 장안사 (長安寺)、 신계사 (神溪寺) 등의 六세기 전부터

창전하기 시작하여 계속 창건된 一백 八개 이상의 큰 절과 작은 절들이 자리 잡고 있

다。 동시에 옛날 절터에는 석탑、 부도들과 바위에 새긴 불상 조각들과 글씨들을 가

는 곳마다에서 찾아볼 수 있다。

금강산의 아름다운 풍경과 고대 건물들과 많은 유물은 미제 항공 비적들의 만행에

의하여 파괴되였는바 장안사、 신계사、 유점사는 완전한 폐허로 되였으며、 표훈사와

기타 사찰 암자들이 많은 피해를 입었다。

유점사 (楡岾寺) 는 내금강에서 가자면 내무재령이나、 외무재령을 넘어가며、 외금

강에서 가자면, 개잔령을 넘어야 갈 수 있는 험한 유곡에 자리잡았다。

창건 년대는 서기 四년에 五十三개의 불상이 인도로부터 월씨국을 경유하여 동해에

표착하자 안창현외 재상 로춘이가 국왕에게 상주하여 五三불을 안치할 불사를 건축한

데 비롯된다고 하는 전설이 있다.

그러나 이것은 불교가 고구려에 수입된 년대와 그보다도 중국에 불교가 수입되던

동한 명제의 시기보다도 앞서기 六五년이기 때문에 이를 후세의 부회로 밖에 달리 말

할 수 없다. 그러나 유물들로 보아 통일 신라 시기에부터 있었던 사찰이란 것은 틀림

없고 단지 현재 남은 건물의 정확한 기록은 서기 一一六八년 (고려 의종 二二년)

에 눈을 묻고 五백여간의 건물을 근본적으로 재건하였다는 것이 더 명확한 자료일 것

이다.

통일 신라 시기 이후 그동안 여러 차례의 중수, 재건을 거듭한 유점사는 조선 사

찰 건축의 형식에 있어서 굴곡있고 립체적인 점에서 특수한 것이며, 불교 수도자들이

축제를 멀리하여 집단적 생활을 할 수 있는 곳으로, 규모와 위치에 있어서 특징적인

자찰이다.

이 불사는 임진 조국 전쟁 당시에 왜적을 반대하는 인민적 투쟁에 참가한 의승

명당이 수양하던 곳으로 그렇기 때문에 사명당이 쓰던 독기 (의병들의 기치) 를 비롯

해서 많은 유물들이 있었다.

유점사 능인전에 느릅나무 가지들에다 앉히였던 五三개의 금동제 또는 도금제의

불상은 四쎈치의 소상들로서、약간의 산실 (散失) 이 있었으나、대개가 동일 신라의

작품들이다。 이 작품들로서는 아름다운 얼굴과 우아한 자세와 정교로운 기법으로

높이 평가할 수 있다。

장안사 (長安寺) 는 서기 六세기경에 고구려와 신라의 사이를 왕래하던 명승 혜량

의 창건이라고 전하고 있다。

단발령을 넘어、말휘리를 통해 내금강에 들어서자 단청도 아름다운 장안사는 옛날

부터 수 많은 탐방객이 있었다。

많은 건물중에 사성전은 리조시기 전기를 대표할만한 특징있는 건물이며、대웅전

온 리조시기 후기의 대표적 건물로서 그동안 여러차례 중수를 거듭하였다。

특히 사성전의 수미단 (불상을 놓아둔 단) 에 장식된 목조 두각에는 조선 인민의

풍속물과 사냥하는 모습과 꽃과 각층 무늬가 섬세한 디테일로 표현되여 있었으며、전

내 주위에 배치되여 있는 토조 분장의 라한상은 사실적인 기법과 심각한 사색의 표현

붕으로 우수한 작품들이 있었당. 대웅적의 현판 글씨는 유작이 많지 않은 한석봉 (서

기 一五四三년—一六〇五년) 의 작품이였다 한다.

장안사 부근에는 여러개의 사찰이 있었으니 신라 시기 창건이였던 장연사의 유지 (遺址) 에는 신라 시기의 작품인 우수한 석탑이 지금도 남아 있으며, 같은 유지인 금장암의 석탑안에서는 고려 시기의 목조 소탑이 발견되였으며, 동시에 신라 시기 작품인듯한 소불상이 발견되여 그 방면 연구가들에게 귀중한 재료를 제공하였었다.

표훈사 (表訓寺)는 내금강의 중앙에 자리잡고, 이 부근에 만폭동과 비로봉 등의 여러 봉우리를 배경으로 하고 부근에는 마아연(摩訶衍), 정양사, 보덕굴등의 많은 특징적인 대소 사찰들이 아름다운 경치에 조화되여 자리잡고 있다.

표훈사와 부근 대소 사찰과 암자들은 七-八세기경의 창건으로, 표훈사는 그려 시기에 원나라의 왕후로 갔던 조선 녀성이 금강산을 그리워하던 나머지 이 절에 많은 물품을 보냈던 사실이 있다.

정양사는 신라 시기에 유명한 충인 원효 (元曉) 가 서기 六六一년에 재건하였다고 하며, 약사전은 六각형 건물로 조선 건축에서 보기 드문 형식이당 이 약사전 안에

있는 약사여래상 (높이 一 께타) 은 신라 시기 석조 불상으로, 신라 조각의 높은 수준

을 엿볼 수 있는 대표작 중의 하나이다. 뜰안에 있는 一一충 석탑은 신라 시기 작품으

로 장연사 유지의 석탑과 신계사의 석탑등은 금강산의 삼대 명탑이라 한다. 정양사에

는 합천 해인사에 보관한 고려 시기 불교 문화의 집개성인 대장경판을 서기 一四五八

년에 인쇄하여 六천 五백 四七권 한질로 되는 불교 대장경을 정양사에 비치하여 불교

연구가의 편의를 도모하였던 것이다. 이 대장경은 묘향산과 정양사에 각각 한질씩이

있다. 마아연은 서기 六六七년에 신라 시기의 원효와 쌍벽으로 일컬었던 당나라 유학

승 (遊學僧) 의상 (義湘) 이 창건하였던 사찰이나 그후 여러차례의 개조 재건을 거듭

하였다.

보덕굴 (普德窟) 은 서기 六二七년에 고구려의 중 보덕이가 창건했다고 하는데,

수백개의 폭포가 흩날리며, 쏟아지는 만폭동의 절경 가운데 자리잡고 있으며, 이 전물

온 구리 기둥을 높이 세워, 한편으로는 절벽을 의지하여, 하늘우에 달린 것처럼 전물이

세워졌다. 그 건축 방법이 기발하며, 경쾌하게 보이는 것으로 다른 곳에서는 찾을 수

없는 특징이 있다.

원래 만폭동의 절경과 보덕굴의 기발상쾌한 양식이 많은 전설을 가지게 하였다.

보덕섬녀가 만폭동 흐르는 물에서 머리를 감고 있는 것을 수도하면 사내가 이를 보고

흘리여 찾아 따라가니 그는 보덕굴에 자취를 감추었다고 한다。

신계사 (神溪寺) 는 비로봉에서 구룡연 폭포의 물줄기를 따라 옥류동과 상팔담과

련주담、무봉폭、비봉폭이 무지개처럼 흘날리는 골짜기를 내려와서、외금강 지역에 처

옴 이로논 곳이며 또 한 골짜기를 찾아들면、기암절벽과 형형의 괴암으로 장관을 이

룬 만물상 (萬物相) 으로 통하는 위치에 있다。 창건년대는 서기 五一九년이라 하며、

그 후 신라의 삼국 통일에 공로 있는 명장 김유신 (金庾信) 과 그 부인의 방조에 의하

여 중건하기 시작하여、그후 무차의 중수를 거듭했고、일반인가와 가까운 관계인지

또 부근에 온천이 있은 연고인지 많은 재해를 입어 오랜 건물이 비교적 적으나 금강

산을 찾는 관람객은 한번씩은 들리게 되었다。

경내에 있는 九층 석탑은 신라 시기 법흥왕 一一년 (서기 五二四년)에 건조한 우

수한 작품이다。

이러한 전설도 신계사에서 가까운 옥녀봉 (玉女峰) 에 부회되여 있다。

옥녀봉 봉우리에 선녀들이 머리를 감는 곳이 있는데 산봉우리가 험하여 사람으로

하여금 볼 수가 없었다. 하루는 한 초동이 포수에게 쫓기인 사슴을 감추어 주었다.

그 사슴이 은혜를 갚기 위해 초동에게 말하되,

『네가 문수담으로 가면 하늘에서 내려온 선녀가 목욕을 할테니, 그 옷을 감추어

버린 후 부인으로 맞고 그리고 아들 딸 제형제가 되기까지는 옷을 내주지 말라』라고

하였다. 그리하여 이 초동은 많은 문담담에 가서 목욕하는 선녀의 옷을 감추었고 옷을

잃은 선녀는 하늘에 올라갈 수 없게 되자 결국 초동은 선녀를 부인으로 맞이했다. 그

리하여 아들과 딸 두어틴해와 함께 비식구가 채미있게 살고 있었는데, 이 초동은 자기

부인인 선녀에게 사슴과의 약속을 어기고, 문수담에서 만나게 된 그 비밀을 털어 놓으

면서 감추었던 옷을 내주었다. 선녀는 아이 둘을 향쪽 겨드랑에 끼고 하늘로 올라가

버렸다. 초동은 한량없이 슬퍼하였다. 이때 전에 가르쳐 주던 사슴이 다시 나타나서

『너의 잘못이다. 문수담에는 선녀가 다시 목욕하러 내려오지 않으나, 드레박으로 물

을 올려가니 가서 그 두레박에 몸을 실으면 하늘로 올라가서 사랑하는 부인과 아이들

을 보리라』하여 그 할대로 두레박에 몰래 앉아 하늘로 올라가서 부인과 아이들은 만났

다 한다.

2 석 왕 사

석왕사 (釋王寺) 는 안변군 설봉산에 있는 유명한 사찰인데、리조 시기에 불교 배

척의 정책상 많은 사찰들이 자연 과괴 소실되였으며、 또는 활발한 룡성을 보지 못했음

에도 불구하고 이 사찰만은 리성계가 왕이 되기 전에 유명한 중 무학대사와의 관계가

있다 하여、리조 왕실의 보호를 받았기 때문에 잘 보존되여 왔나。 그리하여 이름도

대로 석왕사라고 불렀다。

석왕사는 최근까지 (조국 해방 전쟁 전) 五三동의 대규모적인 건물이 계곡과 산곡

의 개울에 따라 자리잡아 외관상 장엄하고 건축물들에 대한 아름다운 단청으로 찬란하

게 보여왔다。

그중에서 응진전 (應眞殿) 은 서기 一三八六년에 건축한 것으로、고려 시기 말기

전축의 대표적인 것이며、이 건축 형식은 바로 리조 시기 형식의 기초로 되였던 것이

당 전체적인 균형미와 세부의 장식 등과 후세에 가공했으나, 단청과 수리 등으로 더욱

아름답게 만들어 놓았다.

다음으로 호지문(護持門)은 서기 一三九二년(리성계가 왕권을 장악한 그해)에

건축한 것으로, 리조 시기 초기의 건축 형식을 대표하는 우수한 건물이였다.

대웅전은 지금부터 약 二백년전 건물로서, 리조 시기 중기를 대표하는 웅대하며

화려한 건물로 이름이 있었다.

그리하여 석왕사는 고려시기 말에서 二○세기 초까지에 이르는 약 五백여년간에

걸쳐 그 시기마다 특색있는 건물이 많아서 조선 건축사 연구상 실제적인 유물들이 있

었다.

미제 침략자들은 이 고귀한 문화 유산인 석왕사 건물들을 폭탄과 소이탄을 투하하

여 완전히 파괴하였다.

석왕사에서 가까운 안변읍에 고건물인 가학루가 있다.

안변 가학루는 강원도 안변읍에 있는 객사 건물의 일부이다. 건축 년대는 서기

一四八六년으로 리조 시기 초기 객사 건축중 우수한 건물이다.

이 외에도 조선의 객사 건물은 경북 고령읍 가야관 (건축년대 서기 一四九四년)이 있으며, 경북 경주읍 동경관 (東京舘)이 있고, 남강원도 강동읍에도 객사 건물의 일부가 남아있다.

3 묘향산 보현사

묘향산 보현사는 웅장하고 수려한 묘향산의 가장 양지바른 곳에 자리잡았다. 이 사원은 그 규모에 있어서 크기와 규격화됨이 불교 건축의 대표적인 점으로 유명하다.

조선 사람이 고대로부터 산을 말하기를 묘향산맥의 주봉 · 묘향산과 태백산맥의 금강

묘향산 보현사 원경 (향산군)

八〇

산파 소백산맥의 주봉 지리산 (智異山) 과 九월산맥의 주봉 九월산을 四대명산으로 부르고 있다. 그런데 금강산은 아름다우나, 웅장하지 못하고, 지리산은 웅장한 대신에 아름답지 못하고, 九월산은 아름답지도 웅장하지도 못하나 묘향산은 웅장하고 아름다우므로 말하고 있다.

그리하여 주봉의 높이 해발 一九○○메타로 끝째기 마다 아름다운 폭포가 있고 기암절벽과 고산식물이 우거진 넓은 지역과 밀림이 산을 장식하고 있다. 그렇기 때문에 여기에서 五천년전에 단군이 났다느니, 선녀가 내려 왔다느니 하는 신화 전설이 류포되고 있다.

본래 이 사원은 (평북 향산군 향초리) 고려 광종왕 一九년 (서기 九六八년) 에 중탐밀이가 창건하였는바, 얼마 지나서는 산내에 대소 사찰 三백여개를 건축하여 승려 三천여명이 살았다고 한다. 그후 수차에 걸친 화재로 인하여 건물의 대부분이 소실되였다가 리조 영조왕 三七년 (서기 一七六一년) 에 중건하였다.

이 사원의 특색은 불교 건축형식이 평면으로 규격화된 점에 있다. 즉 불상을 안치한 법당인 대웅전, 그 앞에 석조 팔각 一三층탑, 그 앞에 봉전 계급의 특별 좌석인

八一

보현사 만세루

만세루、 그 앞에 석조 九층 방형탑 (서기 一〇
四四년 건조)、 그 앞에 련립해 있는 삼문인 천
왕문、 해탈문、 소계문이 있고、 대웅전에서 삼문
을 일직선으로한 좌우에는 각각 불교 특유의 건
물들이 규격대로 놓여 있었다. 특히 이 사원
은 임진 조국 전쟁 당시에는 의승 최운화 (서
산대사) 이가 인민의 편에 서서 왜적을 물리치
는데 련락처로 되였었고、 승병들은 규합하는
지휘처로 되였다.

보현사는 一九五〇년 一一월 二四、 二五 량
일에 결처 미제 폭격기의 소이탄 투하로 대부분
이 소실되였고、 그 후 이 사원의 가장 오랜 전
물 안심사도 폭탄 투하로 없어지고 지금 남은
전물은 령산전、 관음진、 수충사、 조계문、 천왕

문파 석탑과 부도 (중의 무덤) 와 기념비가 남아 있고 산으로 올라간 곳에 계조암,

상원암、불영대、법왕대등、남자가 남아 있다.

六、해서의 고적

1 해주 부근의 유적

해주는 고구려, 통일 신라 시기를 거쳐서 고려 시기에 들어서 녀욱 정치, 경제, 군사적으로 중요시되여, 고려 현종, 九년 (서기 一○一八년)에는 당시의 수도 개성에서 북방으로 가는 중요한 지점이며, 중국과의 해상 교통상외 중요 지점인 관계이였든지, 안서도호부 (安西都護府) 까지 두게되였던 도시이며, 리조시기에는 황해도 중심 적 도시로 되였었다.

그리하여 유적、 유물들도 고려 시기 이후에 속하는 것들이며、 그 유적、유물 중에는 고려 시기의 특징적인 것들도 많다.

해주성은 고려 시기 말에 축조하여、여러 차례 보수와 개축은 거듭하였던 것으로、

수양 산성이 있기 때문인지、 또는 고려 시기의 해주읍의 중심지가 현재 지점이 아니였

던 관계인지、 이 성의 중요성은 적게 평가 받았던 것으로 보인다。

그 후 해주 읍성은 리조 영조 二三년 (서기 一七四七년)에 장정 二○만 여명을 동

원하여 一○개월간에 걸쳐 개축하였으나 서기 一九二三년에 해주시 도시 계획에 의한

시가를 정리할 때 읍성이 방해가 된다하여、 읍성을 헐어버렸기 때문에 지금은 그 자취

가 없어졌고 동、서、남、북의 대문과 동서의 소문도 자취가 없어졌으나、 다만 남문

인 순명문의 전면 일부의 석문과 거기에 새겨진 귀면과 리수가 남아 있을 따름이다。

귀면과 리수는 돌에 조각한 것으로는 우수한 작품이다。

부용당은 서기 一五○○년 리조 연산군 六년에 창건하였고、 그 후 서기 一五二六

년 중종 二一년에 련못 가운데 루각을 증축하였으며 그 후 수차의 보수가 거듭되

였다。

이 건물은 동북으로 치우쳐 련못가운데 二五개의 돌 기둥을 경쾌하게 세워、 四간

의 루각과 서북편으로 돌기둥 八개를 세워、 원체에다 련달아 四간 외출의 집을 붙여지

어 전체로 丁자형의 루각을 이루었으며、 련못 밖으로는 五간 제줄의 집을 지어 이와 맞

철시켜 놓았다。 이 루각은 규모가 대단히 아름답고、 내부는 정교로운 솜씨로 째새를

창식했다。 이러한 건물 형식은 서울 경복궁 경회루에서도 찾을 수 있는데、 리조 시기

건축 중에 귀중한 유산의 하나이다。 임진 조국 전쟁 때에는 우리 군대와 명나라 군

과 협동 작전으로 평양에서 왜적을 소탕하고、 서울을 다시 해방시키자、 명복 의주묘

피난하였던 선조왕은 평양을 거쳐서 해주에 도착하자 이 부용당에 머물러 있었다。

그리하여 이 사실을 기록한 비석이 부용당 앞에 세워 있으며、 그 때 해주서 인조가 여

기서 탄생하였다 하여 그 사실을 기록한 비석도 그 부근에 서 있었다。 아름다운 부용

당은 一九五一년 이래 미제 항공 비적들의 폭란으로 말미암아 일부 파괴되고 말았다。

『백세 청풍』 비는 리조 숙종 三四년 (서기 一七〇八년) 에 황해도 감사 리언경이

가 중국 학자 주회 (朱熹) 의 『百世淸風』 이란 글씨 四자를 각각 얻어 이를 돌에 새

겨서 세운 비석이다。 비석의 높이 약 四메타로서 글씨는 힘차게 씌여졌으며、 돌에 새

긴 조각술도 대단히 훌륭하고 조선 안에서 보기 드문 큰 비석이다。

백세 청풍비는 청성묘 앞에 서있는바、 청성묘는 중국 은나라의 충신 백이 숙제를

제사하는 곳이다。

그러면, 청성묘를 설치하게 된 것은 해주의 옛 이름이 고죽이란 것과 수양산이 있

는 것을 미루어 주 (중국) 나라가 은나라를 치자, 주 나라의 쌀을 먹지 않겠다 하여

수양산에 숨어 고사리로 연명하다가 죽었다는 백이 숙제가 해주의 수양산에 숨은 듯

이 생각하여, 지금으르부터 二백六○여년 전에 사대즈의에 사로잡힌 봉건 계급둘이 청

성묘를 건립하고 리초 봉건 국가의 법적 승인을 받아 오늘에 이른 것이다.

해주시 광석천을 따라 오르는 곳은 흰돌이 깔려 있고, 맑은 물이 흘러 내며 경치

가 대단히 좋당.

이 일대에 있는 유물, 유적은 대략 고려 시기의 전터로 볼 수 있다.

광석교 앞에 돌 사자와 사미정이 있고, 더 올라가서 타렬정이 있고, 五층 석탑, 타

마교 영향을 받은 듯한 천황석비 (보통 음비라고 한다)와 석빙고가 있는 것들이 이물

증명할 수 있으며, 더 올라가서 수양산 북록 수미봉 아래 광조사 사지가 있는 것을 보

아도 이 사실을 충명할 수 있다.

여기에 있는 五층 석탑은 해운동에 있는 석탑들과 함께, 고려 초기의 석탑으로 전

체 형해의 완전한 균형과 경쾌한 수법을 보여주고 있다.

천왕석비는 고려 시기외 불교의 한 종파이였던 천태、밀교 계통의 비로 인정되며、

이는 더욱 고려 시기에 원나라와의 밀접한 관계에서 물어왔으리라고 볼 수 있는 라마 교의 영향을 받은 것으로 추측된다.

비는 화강암으로 높이 약 二메타、폭 八○쎈치 전면에는 이상한 자세를 한 라체상

이 부각으묘. 새겨있고 서측 면에는 불교 내용인 천왕외 이름을 쓴 문자가 희미하게

五、六자씩 있으나 마멸되여 알아 보기 어렵다.

석빙고는 육중한 화강암을 다듬어서 아치 형상으로 턴벌같이 교묘하게 전조한 것

이며 그 뒤에 흙을 약간 덮어 놓은 것으로 현재 조선 내에서 경주、석빙고의 다음 가

는 훌륭한 유물이다.

전면의 넓이는 二○메타、높이는 약 六메타、길이는 약 三○메타이다. 이 전축 년

대는 잘 알 수 없으며、리조 시기 영조 년간에 (一八세기에 들어서) 중수한 것으로 대

략고며시기에 건축하였다고 볼 수 있다.

이와 관련해서 경주의 석빙고에 대한 약간의 지식을 알아 둘 필요가 있다. 삼국사

기에 외하면 신라 지증왕 六년 (서기 五○五년) 二二월에 얼음을 떠서 저장하도록 한

것이 조선에서 얼음 저장의 첫 기록인바、 그렇다면 얼음 창고의 설치도 대단히 오래

된 것으로 인정된다。 경주 석빙고와 입구는 좁으나 내부는 넓이 약 五메타、 높이 약

六메타、 길이 약 一七메타로 해주 석빙고보다 기술상으로 또는 돌을 쌓은 교묘한 수법

이며 훌륭하다。 이도 또한 해주 석빙고와·같이 리조시기 영조 년간에 개축하였다。

『다라니 석당』은 해주 해운동에 있는데 대석 우에 련꽃모양 좌대를

놓고、 우에 높이 二메타 七〇일변 三〇쎈치의 정六각형 돌 기둥을 세워、 그 당신(幢身)으로 하고 그

다라니 석당 (해주)

우에 다시 아름다운 지붕 돌을 올려 놓아 전체적으로 보아 날신하면서도, 장중하고 세

부의 조각 수법이 대단히 화려하다.

이 六각의 일면에는 한자로 『大佛頂陀羅尼』라고, 작은 글짜와 다시 큰 글짜로 반

복하여 새겼으며, 다섯면에는 범자 (인도 고대 문자) 로 전면에 꼭 박아 새겨 있는바

이 다라니라는 말은 불교에서 비밀의 문구로써 불교 중들이 읽는 불경의 일종이다.

이 다라니 석당은 평북 룡천군에 한개가 남아있으나, 원래는 조선 안에 네개가 있

었다 한다. 지금 없어진 다라니석당 중 한개는 개성 묘각사(지금 선축인민학교에 자리

잡았던 천태 밀교의 절) 에 있었는바, 서기 一七八〇년에 정포은의 후손인 정호인이가

개성 류수로 와서 자기 선조의 원한의 피를 흘린 다리를 사람이나, 소, 말들이 함부로

밟고 다니는 것을 애석히 여겨, 다리 주위에 돌로 란간을 만들어 통행을 금하게 하고.

그 옆에 다리를 만들 때 이 다라니석당을 헐어다가 다리의 석재로 썼다. 그리하여 지금

도 절반 깨여진 이 당석이 다리의 일부 재료로 남아 있는바, 이 다라니석당은 범자가

상부에 새겨있고, 하반부에는 한문으로 •번역한 글짜가 새겨있다.

또 하나는 평양 예전 법수교 부근에 있었으나 二〇여년전에 「수대 부근에 옮겨

놓았다고 하는데 지금 행방이 확실하지 않다.

해주에서 동북으로 수양산 북쪽 봉우리의 수미봉 아래인 황해도 청단군 작천리에

광조사 절터가 있다. 이 광조사는 신라 말에서 고려 초기에 걸친 유명한 중으로서 당

나라에 가서 류학하고 돌아와서 신라 말기 선종 구산문 중의 하나인 수미산파를 일으

켜 놓은 진철대사가 세웠으며 제자들을 교육하던 절이다.

그리하여 고려 태조왕의 두터운 원조를 받아서 웅장하고 아름답게 꾸몄던 광조사

지는 지금 옛모습을 말해주는 축대석과 초석들만 남아 있고, 신라 탑 형식을 그대로

받은 五층 석탑과 광조사 진철대사 보월승 공탑비만 남아 있다.

이 광조사 진철대사 보월승 공탑비는 고려 태조 二○년(서기 九三七년)에 세운

것으로 웅장한 수법으로 조각한 구부(돌 거북) 우에 대단히 얇고 정교하게 다듬어서

글씨를 새긴 높이 二一○쎈치 폭 一메타 二○쎈치의 비신을 세우고, 그 우에다

룡이 활기있게 움직이는 것같이 조각한 리수를 올려 놓은 걸작품이다. 이 비의 내용

은 진철대사의 생애와 활동에 대한 것을 적었는데 비문에 의하면 탑이 있어야 할 것

이다. 탑은 언제 어떻게 없어졌는지 알 수 없다.

진철대자 비 (해주)

해주 수양산 서편 란
계곡에 신광사가 있당 이
신광사는 지금부터 一천二
백여년 전 신라 문무왕 때
에 신라의 증 원효와 의상
이가 창설하였다고 전하며
그 후 六백여년 후에 중국
원나라 태자 (후에 순제)
가 대청도에 류배 (流配)
중에 이 신광사와 맺은 인
연으로 그가 귀국 후임

굽으로 되자 대감과 기술자 三七명은 보내여, 고려 조정의 유력한 사람들과 합동하
고 거액의 경비를 같이 내여 호화 찬란하게 건축하였던 절이당.

그리고 고려의 유명한 중 대각국사도 한새 여기를 본거로 하였던 사실도 있었던 유명한 절로서、 최근까지 있었던 건물들은 지금부터 약 二백 七〇년 전에 건축하였다。

현재 남은 것은 고려 말기의 五층 석탑과 같은 시기로 인정되는 무자비 (비석의

전면 후면에 아무런 글짜도 없는 것으로 유명한 것임)와 많은 부도와 절에서 사용하

던 큰 돌로 만든 학돌과 기타 여러 석조물들다 부근에서 그려 시기의 황기와、청기와、

초록빛、붉은빛、자주빛의 아름다운 기와와 과편들이 나타나는 것으로 고려、리조

분 동하여 모든 예술적 구상을 다하여、호화 찬란히 꾸몄던 옛 모습을 상상할 수

있다。

미제 항공 비적들은 이 심산의 사찰에도 대형 폭탄을 루하하여 우리 나라의 고건

분 중에 특출한 걸작인 보광명전을 비롯하여 응진전、시왕전、약사전과 기타 부수 건물

들파 우수한 불상 조각들을 잿데미로 만들어 놓았다。

2 고려 시기의 건물

황해도에 고려 시기 목조 건물이 三깨가 있는바、황주군 성불사 극락전、응진전파

언탄군 (구 황주군) 심원사 보광전이 바로 그것으로 조선 안에 남아 있는 고려 시기

목조 건물은 그리 많지 않으며, 황해도내 고려 시기 목조 건물 이외는 다음과 같은 건

물들이 있다.

경북 영주군 부석사 무량수전

경북 영주군 부석사 조사전

강원도 안변군 석왕사 응진전

경북 안동군 봉정사 극락전

전남 곡성군 관음사 원통전

충남 례산군 수덕사 대웅전

이상 六개 건물은 미제 침략자와 리승만 매국 도당의 문화 과괴정책에 의하여 불

타 버렸거나 자연 퇴락되여 없어졌으며, 없어지고 있다.

그 동안 고구려, 백제, 신라의 목조 건물은 물본이요, 고려 시기의 목조 건물도 많

았은 것이언만 오랜 시일을 두고 불에 탔거나 자연 퇴락이 되고 오늘 남은 것은 오

좌우에 쓴 一〇개소 정도이당.

성불사는 고려 시기에 축조한 정방산 성안의 산영이 잘 조화되고、전망도 좋은 장

리에 신라 효공왕 二년 (서기 八九八년)에 도 선 국사가 창건한 절이 타 하며、고려 시기에는 많은 건물이 있어서 번 창하였던 것이 리조 시 기인 一六세기 이후에 쓸쓸하게 되여 버렸던 절이당.

지금 남아 있는 국 탁전은 고려 시기인 서 기 一三七六년에 응진전

성불사 전경 (황주)

은 서기 一三二七년에 각각 건축한 고 건물로서 그 후에 수차에 설쳐 수리를 하였으며

두 공포 천정의 구조라든지 배가 부르게 깎아서 아름답게 보이는 둥근 기둥의 형식들이

고려 건축의 특징을 뚜렷이 볼 수 있는 우수한 건물이다.

수십년 전에 이 귀중한 건물을 수리할 때、천정에서 도금한 철 불상이 나왔는데、

三三쎈치의 아미타 불상과·복전을 쓴 二七쎈치의 세지불상과、화관을 쓴 二七쎈치의

관음 불상으로 육체의 풍만한 조각과、원만한 얼굴의 표현과 요락들의 섬세한 세부 기

교가 신라 조각의 모습을 찾을 수 있다.

성불사와 부근에는 五층 석탑과、기타 여러가지 귀중한 유물들이 많이 남아 있었

으나 미제 무력 침략자들은 폭탄을 투하하여 극락전을 불살라 놓았고、많은 유물들을

파괴하였다.

성원사는 고려 공민왕 二三년 (서기 一三七四년) 경에 고려의 명신 미복은이가 중

국에 갔다 오던 길에 황폐한 절을 발견하고 이 지대 (현재 연탄군 연탄읍과 자비령

과 서부 산 지대)가 중요한 위치에 있다는 것과 그렇기 때문에 이 페사를 재건함으로

쩨、교통과 군사상 도움을 주도록 하기 위하여 이 절을 크게 가적으로 대 수리를 하였다.

심원사 보광전 （연탄）

그리하여 많은 건물을 지었던바, 지금 남은 것은 보광전 하나뿐이며, 이 건물은 서기 一三七四년 그 당시 건축으로 구조와 문과 수미단의 조각들이 고려 말기의 우수한 기술과 형식을 찾을 수 있는 귀중한 건물이다.

이와 같은 고려 시기의 목조 건물과 함께 황해도 내 리조 시기의 대표적 목조 건물로서는 신천군 자혜산 패엽사 대웅전, 九월산 패엽사 한산전과 해주 문묘 대성전과 신천군 문묘 명륜당 등의 우수한 고 건물이 있었으나, 미제 무력 침략자들의 만행에 의하여 일부 혹은 완전히 파괴되였다.

또 일방으로 고려 시기의 목조 건축물

에 대조되는 고려 시기 석조 건축물로 장연군 학림사 五층 석탑과 석등을 들 수 있다.

자혜사 五층 석탑은 높이 六메타、첫째 기단의 一방 四메타 五〇쎈치의 균형된 웅장한 탑으로서、제一층의 四면에 정교로운 조각으로 八부 신장을 세워서 줄기차고、억쎈 수법으로 된 고려 시기 탑에 보기 드문 걸작이다.

이 앞에 있는 석등은 五층 석탑과 같은 년대의 작품으로 六각형의 대석 우에 六각형의 중대석이 서고、다시 그 우의 화대석은 간단한 나무잎 모양을 뚫어 내여서 그 우모 복개와 련화봉 보주를 얹어 놓았다. 높이 약 二메타 五〇쎈치로서 전체로 간단한 가운데 아름답고 우수한 모습을 창을 수 있는 五층 석탑을 만드는 석등이다.

학림사 五층 석탑은 높이 약 七메타로 二중 기단 우의 五층탑신이 있고 상층부(상륜부)에 一〇여개의 보개가 중첩된 희유한 고려 시기 초기의 석탑이다. 이 탑은 신라 시기에 창건하였다는 학림사 창건에 대한, 년대로 보아 혹은 신라 시기의 작품이 아닌가도 생각할 수 있다.」

3 연안성

연안 읍성은 황해도 연안읍의 중앙부에 자리 잡았고 리조 명종 10년 (서기 一五五五년)에 연안부사 박응종이가 지방 인민을 동원하여 축조하였다. 성은 그리 크지 않으나, 성의 주위에다 깊이 약 一메타 五〇의 도랑을 파놓았으며, 임진 왜란의 전년에는 왜적의 침략을 방어하기 위하여 비봉산에서 흐르는 물을 성안에 끌어 들여서、 성안의 수원을 확보하 도록 하였으며, 성 주위의 도랑을 확장하였던 것이다. 왜적의 뜻하지 않은 야만적 침

박업사 五층석탑 (장연)

적으로 발발된 임진 조국 전쟁은 황해도의 여러 도성과 읍성이 적의 수중에 들어가게

되자, 서울에서 북방으로 통하는 중요한 위치인 연안성도 왜적의 공격을 받게 되었다.

서기 一五九二년 九월에 왜적의 장수인 구로다 나가마사 (黑田長政) 는 황해도의

여러 성을 강점하고, 배천에 진을 치고, 연안성을 공격하려고, 대군을 거느리고 기여들

기 시작하였는바, 이에 대치한 우리 나라 군사들은 리정암장군의 지휘아래 부근 여러

요을에서 후퇴한 군대를 수습하고, 연안 읍내의 남녀 로소가 이에 호응하여 죽음으로

성을 지키기로 결심하였다. 그리하여 구로다가 거느린 여러 만명의 왜적과 가렬한 전

투를 계속하게 되였으니, 적들의 수천의 조총과 아랄한 방법에도 굴하지 않고 밤낮

성으로 기여 올라오는 적에게 활과 창으로 또는 불덩이를 던졌으며, 녀자들은 물을 끓

여서 부어주므로, 성안으로 기여들지 못하게 하였다. 그리하여 가렬한 전투는 곤난한

환경에서도 영웅적으로 싸워 왜적들로 하여금 패주하게 하는 승리의 기록을 남겼다.

이 청사에 빛나는 승리는 후방에 있는 우리 군대와 인민들에게 크게 고무되여 왜

적 격멸의 의기를 북돋아 주었으며, 왜적들로 하여금 전면적 패전의 전환점으로 되

였다.

이 빛나는 조선 인민의 승리를 후대에 전하는 연안성 대첩비는 리정암이가 五백여

명의 의병들 및 연안 시민들과 함께 왜적에 대항하여 물러 가라,

나와같이 왜적과 싸우려거든 이 성을 지키자고 한 호소를 받들고 성안의 군대、시민

들이 한사람같이 단결하여 왜적과 용감히 싸워 빛나는 대 승리를 거두었다는 사실을

오래도록 전하기 위하여 임진 조국 전쟁 당시 재주 있는 사람으로 유명한 미항복이가

이 글을 지어 비석에 새겨 놓았다.

七. 개성의 고적

개성은 조선 력사상으로 고려시기 (서기 九一八—一三九二년) 의 도읍지이다.

七세기 후반기에 형성되였던 통일신라의 낡은 귀족계급에 대신하여 지배권을 잡은 고려는 판료집권적 봉건국가인 고려왕조를 형성하게 되였다.

그리하여 一〇세기로부터 一四세기에 이르는 약 五백년간에 걸치였다.

이 시기의 문화는 조선 민족 문화의 전면적 과정에서 자랑할만한 많은 유산을 후세에 남겨 놓았으며 그것이 리조시기 문화의 기초로 될 수 있었으며 오늘도 계속 발전시켜야 할 많은 소재들을 남겨주고 있다.

례로서는 청자 삼강 고려자기의 대량적 제작、고려 대장경의 출판、금속 활자의 발명과 많은 저작들의 출판사업、화약의 발명、음악의 발달 들을 들 수 있다. 따라서 고려의 수도 개성을 중심으로 하는 그 부근에는 고적과 유물들이 많이 남아 있는데 면모와 내용은 다양성을 띠우고 있다.

一천년의 력사와 二五〇년간 조선 령토내를 통일하여 찬란한 문화를 창조 발전시

켜 오던 신라 왕조는 후백제라는 국호를 들고 나선 『진헌』 과 태봉국이라는 국호를

들고 나선 『궁예』의 공략에 의하여 꺾기우자、 태봉국 왕인 궁예의 부하이며 명장이

였던 왕건은 군사적 행동으로써 궁예를 쳐 물리치고 정권을 잡았다.

그리하여 서기 九一八년 六월 一五일에 지금 강원도 철원군 고궐동인 풍천원 궁예

의 궁궐이였던 포정전에서 여러 장병들의 추대를 받아 왕으로 되고、 나라 이름을 고려

라 하였다.

왕이 된지 약 六개월 후인 서기 九一九년 정월에 도읍지를 송악산 남으로 옮겼으

니 이곳은 왕건이가 궁예의 명령으로 이 지방의 성주 노릇을 하면서 자기 세력을 확

대 부식하던 곳이며 궁예도 전후 八년간이나 여기서 정사를 보던 고장이다.

고려 태조왕 왕건의 연고지인 개성은 고려 왕조의 근 五백년간의 수도이였다. 왕

건이가 개성을 수도로 정한 것은 여러가지 관계도 있었으나、 그보다도 경제적 보는

자연 지리적 환경이 좋은데 있었다는 것을 짐작할 수 있다.

개성의 주변에는 높고 험한 산들이 중첩되여 있고、남쪽과 북쪽에는 약간의 거리를

두고 림진강과 례성강의 큰 강들이 대해로 흘러 들어가며、그 사이와 류역에는 조선에

서도 이름 난 연안 배천벌과 같은 곡창을 배경으로 하고 있다.

그리하여 고려의 수도 개성은 성안에는 중앙、동、서、남、북 五부로 나누고、중

부에 八방(坊)동부에 七방、서부에 五방、남부에 五방、북부에 一〇방으로 되는 정

연한 시가 계획으로 구분되였으며、그 가운데에 찬란한 관청과 봉건 지배 계급의 저택

들과 당시 성행하였던 거창스러운 불교 사찰들이 즐비하여、비오는 난 큰 건물의

추녀 밑으로 비를 피하여 능히 一〇리를 갈 수 있었다고 하는 큰 도시이였다.

그러나 서기 一二三二년에서 一二七〇년까지의 사이 근 四〇년간과 一二九二년을

전후로 한 一년여의 기간에 있었던 외적의 북새질과 적고 큰 대내 대외의 전쟁의 참화

로 많은 건물들이 소실되였던 것이며、그후 자연 퇴락되였고 리성계가 리조 왕조를

형성하고 한양으로 천도한 후는 상업도시로 발전하면서 과거의 호화스럽던 모습은 없

어지고 말았다。

개성은 본래는 고구려의 땅으로 부소갑(扶蘇岬)과 동비홀(소比忽)이라 불렀으

며、고려 태조가 도읍을 정하자 신라 시기의 송악、개성 두 군을 합하여 개주 (開州)

라 불렀으며 그 후에 황도 (皇都)、개성、개경、경도、경성、송도、송경、북경

등 허다한 이름으로 부르게 되었다. 지금 개성이란 이름은 일반 행정구역 명칭으로

一천년 전부터 뿌트고 있으며 송드타는 말은 송악산에서 근원된 이름이다.

만월대는 고려 왕조의 궁궐인 만월궁 혹은 연경궁 (延慶宮)의 옛 자리이다. 전하

는바에 의하면 이 만월대 우에는 九개의 전각이 있었는데 왕의 정전인 회경전이 있어

웅장하고 화려함이 여러 궁전중에서 으뜸이었고 훌륭하였으며 회경전 서북쪽에 있는

전덕전이 그 다음으로 웅장 화려하며 회경전의 뒤에는 장화전 원덕전 만령전의 순서로

놓여 있었다 한다.

만령전은 왕의 침실로서 이 전각의 거느림채는 출단는 여러 전물로 통하게 되었

었으며 장령、장경、연경의 여러 전각들이 이에 통하였었을 것이다.

회경전의 동쪽에는 한 계단 내려와서 떨어진 곳에 왕자의 거처인 좌춘궁 (左春

宮)이 있고、다시 회경전의 서남쪽에는 공주의 거처인 우춘궁 (右春宮)이 있었다 한

당

첨 성 대 　(개성)

만월대는 조선내 력대 왕조의 궁전들이

례외없이 평지나 약간의 분지에 자리 잡은

것과는 반대로、 송악산의 남록 해발 四八

메타의 언덕우에 자리잡고 전면에는 돌묘

규격이 반듯하게 올려 쌓아서 외견상으로도

웅장하게 보인다. 궁궐에서 앞을 내다 보

면 넓은 들과 순한 산과 물이 그대로 전망

할 수 있는 위치이다. 만월대를 기점으로

하여 궁성을 축조한 것도 이와 같은 유리한

조건을 리용한 것이다.

고려 왕조의 모든 재력과 기술과 노력

을 총 동원하여 호화 찬란하게 꾸미고 영화

를 자랑하던 금 은 보옥의 궁궐은 인종 五

년（서기 一一二七년）에 리자겸의 반란으로

불불어 없어졌고 이어 재건하였으나 다시 공민왕 때(서기 一三五〇년 전후)에 다시 불

이 불어 없어지고 그 후는 황폐한 옛 궁터로 남아 오늘에 이르렀다.

첨성대는 만월대에서 고려 시기의 우물들이 있던 곳을 지나서 서편 언덕밑

에 관석이 놓
여 있다. 축
조 년대는 알
수 없으나、
아마도 이 우
에다 천체 기
상을 관측하
는 기계 설치

에 있었으며 평
면 약 二메타
三〇 높이 二메
타 三〇으로、
四방에 네모난
기둥과 중심에
는 네모 기둥을
세우고、그 우

나 어떠한 장치를 하였으리라는 것을 알 수 있다. 고려 시기에 발달되었던 과학의 유

산으로서 귀중한 것이당.

개성 첨성대를 말할대 조선안에 오래된 기상대인 경주 첨성대를 말하여야 할 것이

첨 성 대 (경주)

당

경주 첨성대는 서기 六四〇년경 곧 신라 선덕녀왕 때 축조한 것으로、동양 천문 기
상대중 가장 오래 된 유물이다. 이 첨성대의 높이는 약 九메타 四〇으로 방형의 초석
을 두겹으로 쌓고 네모로 깎은 화강암으로 둥근 통 모양으로 쌓아 올라가다가 三분의 一
쯤 오른데서부터 그 도가 급히 감쇄되여 측면에서 보는 륜곽이 실로 아름다운 곡선을
이루고 있다. 상층부는 방형으로 맞추어 쌓은 二층의 석재를 얹어 놓았는바、이외 넓
이는 최하부가 약 五메타에 비하여 약 二메타 三〇이며 남면의 중앙부에는 四각형의 장
은 창이 있어서 내부에서 외부를 볼 수 있게 되였고、여기서 내부를 엿보면 가운데는
텅 비여 있다.

개성의 주위에는 외적의 침공을 방어하기 위한 성이 둘러 싸여 있다.
외성은 라성이라 부르는데 현종 一년 (서기 一〇一〇년)에 고려의 유명한 강감찬
장군이 외적의 침공을 방어하기 위하여 궁궐을 중심으로한 궁성 이외에 외성을 축조할
것을 건의하자、바로 이를 승인하고 약 二一년의 장구한 시일을 두고 봉건적 부역로
력연 三四만 四천 四백명 (혹은 二三만 八천 九백 三八명과 공인 八천 四백 五〇

명이라고도 한다)을 동원하여、二〇여 키로메타의 주위와 높이 약 八메타、두께 약 四

메타의 토성과 부속 건물 一만 三천간과 二五개의 대문을 건축하는 거대한 공사를 완

성시켰다고 하다。

그 후의 외성은 문종 四년 (서기 一〇五〇년)과 공민왕 七년 (서기 一三五八년)에

수축한 사실이 있고、공민왕 一〇년에는 성문을 중수한 사실이 있으나、현재는 흙으로

축조한 관계인지 대부분 허무러져 버렸다。

고려 왕조가 망하기 직전에 최영장군은 성이 넓어서 一〇만 대군으로도 방어하기

어려우니 외성을 좁혀서 내성으로 쌓기를 건의하여 이를 쌓기로 되였으나 왕조 멸망의

혼란통에 실현하지 못하였다가 리성계가 정권을 잡은 다음해에 비로소 석축으로 八키

로메타의 주위를 가진 성을 쌓니、이것이 지금 만월대를 둘러싸고 송악을 돌아서 성균

관으로 돌아 남대문을 지나는 청파인 내성이다。

남대문은 리조 시기 태조왕 三년 (서기 一三九四년)의 창건으로 내성 六개 성문중

에 오직 하나 남은 문이당 이 문루는 화강암으로 홍예문을 만들고、그 우에 단층 루

각을 세웠는데 유모는 크다고 할 수 없으나 형태가 침중하고 건실한 수법으로 된 리조

남 대 문 (개성)

초기 건축사상 대단히 귀중한 유산이다。

남대문은 미재 침략자들의 소이탄에 의
하여 목조 루각은 잿데미로 되였으나 화강
암、홍예문 우에 유명한 연복사 종만 남아
있다。

연복사 종은 고려 충목왕 二년 (서기
一三四六년) 六월 一六일에 중국 원나라의
공쟁 신예의 지도하에 주조한 것으로 연복
사에 달았던 것을 리조 명종 一八년 (서기
一五六三년)에 연복사가 불타서 없어지자
이 자리로 옮겨놓고 새벽 四시와 밤 一〇
시를 울려서 개성 시민의 통행을 금지 또
는 해제시켰던 것이다。

종의 높이는 三메타 三〇、직경이 一메

타 七〇、종구의 두께 二三쎈치、룡두의 높이 七〇쎈치로、주조한 원나라 공정 신에

의 수법이였기 때문인지 조선 재래의 종의 형식과는 아주 다르며 거북、게、물고기、

룡、봉、사슴이 헤염치는 물결 무늬와 불상과 인도 글짜와 서장 글짜와 기타 문자의

양각과 선 두름이 아름답게 되여 있다.

이 연복사 종은 조선 종가운데 가장 오래 된 종인 남강원도 평창군 상원사 종과

신라 시기의 회화와 조각술이 최고봉의 기술을 발휘한 유명한 경주 봉덕사 종과 함

께 조선 三대 명종으로 울리는 소리는 우렁차고도 맑고 여음이 류창하여 멀리 一〇

리 밖에서도 들린다.

선죽교는 선죽천에 가설되였던 고려 시기에 축조한 돌다리로 선지교라고도 부르는

포은 정몽주가 원한의 피를 흘린 곳이다.

고려 말기에·봉건 지배·계급들 사이에 서로 정권 다툼이 날로 심하여지자 소위 위

화도 회군후에 더욱 로골화한 리성계의 정권 야욕에 대항하여、정몽주 일파는 그의 흉

계를 파란시키려고 강경한 태도를 취하려 하였다.

정몽주는 리성계 일파를 제거하려고 암암리에 **활약하던바、**리성계의 동정을 살피

려 갔다가 오던 길에 선죽교에 이르러 리성계의 아들 방원 (후에 태종)의 계략에 의하여 암살 당하였다. 그리하여 후세 사람들은 정몽주의 유한을 탄식하고 충절을 사모하여 선죽교에 정몽주의 피자국이 남았다느니 혈죽 (血竹) 이 났느니 리조 인조 一九년 (서기 一六四一년)에 세운 『일대충의안고강상』이라 쓴 비가 울어 항상 눈물이 젖어 있다 하여 읍비라고도 부르는 등 여러 전설을 이야기하고 있다.

리조 태조왕 리성계、태종왕 리방원의 후손인 선조왕은 서기 一五八三년에 표충비물、또한 리태왕은 서기 一八七二년에 표충비를 선죽교 앞에 세우고 비각을 지어 주어

선 죽 교 (개성)

주세 사람에게 례절을 지킨 셈이다.

숭양서원은 선죽교에서 그리 멀지 않은 서편 언덕 우에 정몽주의 옛 집터자리에 자리잡은 서원으로서 정몽주의 후손은 물론이요 고려 밀의 유학자 포은(圃隱) 정몽주를 사모하는 많은 학자들이 여기서 학업을 하였으며, 방문하였던 곳으로 대원군 집정당시에 많은 서원들이 페지되었으나 이 숭양서원만은 그대로 승인 받았던 것이다.

설치 년대는 선조 六년(서기 一五七三년)으로 전물은 그 후 수차의 중수를 거듭하였으나 전체 건물들의 규모와 형식은 조선 주택과 서원 건축의 건축학적 연구상 귀중한 자료이다.

이 서원안에는 유물로서 정몽주 초상화와 그가 사용하던 참대 지팽이와 기타 서적 등 유물이 보관되여 있다.

성균관은 고려 성종 一一년(서기 九九二년)에 중국의 교육 제도를 본받아 국자감이란 관청을 두어 귀족의 아들들을 모아 유교의 경전을 가르치기 시작하고 그 후 충선왕 대 성균관이라 불러 공자를 제사하면서 섬학전(장학금)을 설정하고 수십명 때로는 수백명 귀족의 아들과 유생들을 교육하는 최고 학부이였다.

성균관은 열래 대명궁이라는 고려 문종 때 지은 왕가의 별궁이였던 것을 문종 三二

년(서기 一〇七八년)에는 순천관이란 이름으로 고치고 외국 사신을 접대하는 객사로

쓰던 곳으로 선종 六년 (서기 一〇八九년)에는 국자감을 순천관에 옮겼다. 그리하여

사찰을 중심으로 하는 불교 교육에 대립하여 공자,맹자 등의 학설인 유교 교리를 가르

치던바, 충렬왕 三〇년 (서기 一三〇四년)에 대성전을 지어 제도를 새로이 하고 서기

一三六七년 경에는 내용을 충실히 하고 리색、정몽주、리숭인 등의 저명한 유학자들이

매일 명륜당에서 유교 경전을 강의하니 조선에서 정자 주자의 성리학이 여기서부터 널

리 전파되였다.

성균관의 전물들은 서기 一五九二년 임진 조국 전쟁시에는 전부가 불이 붙어서 폐

허로 되였으나 一六〇二년에서 약 八년간에 결쳐 어전 그대로 완전히 복구하였던 것이

당

고려 시기부터 리조 시기까지 오랜 기간에 유교 교육의 전당이였던 성균관은 현재

개성시내의 고건물 가운데 가장 큰 것이요 건축 년대도 숭양서원 다음 가는 오랜 전물

아다.

고종 三一년 (서기 一八九四년)에 조선에서 과거 제도가 폐지되자, 봉건 귀족의

아들들에게 등룡의 길을 열어주는, 九백년간의 존속되었던 봉건적 교육 기관인 개성

성균관은 서울 성균관과 함께 존재할 구실을 잃게 되어 버렸다.

개성의 고려 왕릉

개성 부근의 고적중에 고려 왕조의 왕릉은 중요한 자리를 차지한다.

대체로 개성 부근에는 왕의 무덤 및 왕비의 무덤과 죽은 후에 추존한 왕의 무덤을

합한다면 적어도 몇개가 있어야 될 것인가?

고려는 역대 三四왕이 였으므로 三四개의 무덤과 왕비의 무덤이 그 이상 있어야

할 것이요 추존왕의 무덤을 합한다면 강화도에 있는 三개의 무덤과 고려 최후의 왕인 공

양왕의 무덤이 당초부터 불분명하다고 치더라도 八○개 이상의 왕릉이 개성 부근에 있

어야 할 것이다. 그러나, 이 왕릉들은 정확히 알 수 없는 것도 했을다.... 분명치 않으

것이며 많다.

고려 시기의 왕릉에 대한 형식을 말한다면, 신라 말기 이래 류행되였던 풍수설에

의하여 무덤 자리를 잡는바, 아름다운 산세와 작은 시내가 잘 조화되는 곳에 위치해

있다.

룡역(陵域)의 전체 구조는 좌, 우, 후, 삼면으로 돌담을 쌓고 전면 구역은 四단

면으로 만들되 각 단을 돌로 층층이 쌓고, 량면에 련락하는 돌 계단이 있다.

무덤의 형식은 높이 四메타 내외이며, 평면 직경 八메타 내외의 흙으로 덮은 반구

형(半球形)으로서, 아래는 병풍석이 돌려있고, 그 바깥 주위에 돌란간이 있고, 돌란

간 바깥에 석수(石獸)가 있고, 정면에 장방형 석상이 있고, 좌우에 망주석이 있다.

이로써 첫계단을 이루는바, 조각으로 주목할 것은 병풍석에는 자(쥐), 축(소),

인(호랑이), 묘(토끼), 진(룡), 사(뱀), 오(말), 미(염소), 신(잔며비), 유

(닭), 술(개), 해(돼지) 등의 십이지 신상을 양각하였으며 석수는 개, 호랑이,

염소등을 조각한 것이다.

둘째 계단의 정면에 장명등(長明燈)이 서있고, 좌 우에 관혹으로 장식한 문인석

이 서있고, 제째 계단에는 좌 우에 무장한 무인석이 세있으며, 마지막인 계단 다시

말하면 아래서 보자면, 올라가는 밑 계단에는 음악을 연주하며, 제사를 올리는 정자각

이 있고, 좌면에는 룡의 주인공을 명시하는 비석이 서 있다.

이러한 형식이 고려 시기 왕릉의 전형적인 것인 데, 지금 남은 것들이 전부가 이와

같다고 말할 수는 없다. 이렇게 정비된 룡의 제도 형식은 리조 시기의 왕릉 형식에도

영향을 주었다.

무덤의 내부는 사방 약 三메타 정도와 높이 二메타 남짓한 현실(玄室)을 만들고

천정에는 해와 달을 상징해서 여러 무늬를 그렸으며, 네벽에는 청룡, 백호, 현무, 주

작의 사신도와, □□방위 신상을 고운 색갈로 그려 놓았다.

이와 같은 고려 고분들은 개풍군 수락동 고분과 판문군 법당방 고분에서 찾을

수 있는 데, 온아한 필치와 균형된 자체들은 고려 시기의 회화의 수준을 알 수 있는 것

이며, 또는 고려의 회화가 불과 한두점 밖에 남아 있지 않은만큼 귀중한 력사적 자료

이다.

고려 왕릉중에 웅장하고 화려하며, 넓은 구역을 차지하여, 부근에다 절까지 지어

마음껏 사치한 것은 공민왕 현릉과 왕비 정릉이다.

一一七

공민왕릉 전경 일부 (개성)

공민왕은 지극히 사랑하던 원나라의 공주로 왕의 부인이 되였던 로국공주가 죽자 슬퍼하던 나머지, 로국공주의 얼굴을 그려 놓고 그 앞에 앉아서 三년동안이나 울고 있었다고 한다. 사랑하는 부인을 위하여 릉을 축조하는 대공사를 일으키고, 로국공주의 무덤과 장차 묻힐 자기의 무덤을 나란히 만들고 모든 힘을 다하여 장식하였다.

공민왕 릉은 고려 왕릉 제도에서 볼 수 있는 왕과 왕비의 무덤이 따로 따로 있었던 것을 과격하여서 나란히 만들어서 조선 왕릉 제도상 새로운 형식으로 되였다.

병풍석에 새긴 십이지 신상과 련꽃과 기타 여러 무늬의 무과이라든지, 석수의 섬

세한 구도라든지, 심지어는 장명등의 세부 장식까지도 고려의 조각 예술의 모든 기술

과 재능을 다 부려 놓았다.

아마 현실·내부도 바깥만 못지 않는 화려한 장식을 다 해 놓았으리라는 것을 짐

작할 수 있다.

八. 서울

서울은 조선 력사상으로 리조 (李朝) 시기 (서기 一三九二년—一九一○년)의 도읍지이다. 一五세기 초부터 최근까지 약 五○○년간에 조선의 정치、 경제、 군사、 문화의 중심지였다. 그렇기 때문에 웅장하고 화려한 궁전들과 각종 전각들과 고적이나 유물이 많이 남아 있다.

리성계 (李成桂)가 고려의 봉건 왕조를 타도하고 중앙 집권적 봉건 국가의 새로운 최고 지배자로 되자、 전 왕조 고려의 수도를 버리고、 다른 곳으로 수도를 옮길 것을 결정하였다. 그리하여 지금의 서울 당시의 한양부 (漢陽府)를 수도 후보지로 정하고 약간의 곡절을 거쳐서 신 수도를 이룩하기 시작하였다.

수도를 지금의 서울로 정하게 된 리유는 봉건 국가의 통치자가 교체됨에 따라 수도 이전하는 력사적 관례에서 출발하고 또 다른 리유로서는 약간의 문헌들에 의하면

왕씨 五〇〇년 후에 리씨가 나라나고 리씨가 나타나면 끝 삼각산 (三角山) 남쪽에 도읍을 만든다 라는 당시 류행하였던 풍수설 (참위지리설=지리적 조진에다 운명론을 적용한 미신설)에 의하여 좋은 지대라고 인정한 데 있다고 한다.

그러나 그 보다도 자연적 지세를 잘 리용하였다는 것을 알 수 있다. 서울을 중심으로 넓게 원을 그려 본다면 동, 북, 서의 三면은 북한산과 그 지맥들로써 에워 싸이고, 남면은 한강이 가로 놓였으며 좁게 원을 그려 본다면 사면이 산과 큰 언덕으로 둘러 싸였다.

이러한 지세를 배경으로한 서울은 군사적으로는 방어에 리로운 지세이며, 경제적으로는 한강 류역을 중심으로한 명야를 배경으로 하고 있는 수륙의 교통이 편리한 조선 반도의 거의 중앙부에 위치해 있다.

서기 一三九四년 태조왕 (太祖王) 三년 一二월에 태조왕 리성계는 정도전과 김립 전무에게 명령하여 정식으로 신수도에다 궁성을 축조하도록 하였다. 그리하여 서기 一三九五년 一월에 각지의 불교 승려를 중심으로 하는 비교적 한가한 로력을 동원시켜 궁성 축조에 착수하였다.

이어서 七월에는 경기도에서 인민 一만 五천명을 뽑아서 궁궐 축조 공사를 진행시

켜 이를 완성시켰다。 이것이 바로 서울의 경복궁이다。

∴ 경복궁은 총 건평 三九○여간 (一간은 약 九평방메타) 전물들과 그의 외곽 주위에

는 총 길이 약 三六○○메타와 높이 약 六메타 五○쎈치의 장벽으로써 두루고 동편에

건춘문 (建春門) 북편에 신무문 (神武門) 서편에 영추문 (迎秋門) 남편에 정문 (후에

광화문―光化門이라 개칭)을 세우고 정문 앞에는 좌우 二렬로 각 관청들을 보기 좋

게 건축하였다。

이와같이 궁궐 공사를 완공시키는 한편으로는 도성축조도감 (都城築造都監)이라는

도시 건설의 장관을 두어 수도 전체의 방비를 위한 도성을 쌓기로 결정하고 다음 해인

一三九五년 一월에는 경상도, 전라도, 강원도와 서울서 서북쪽으로는 평안남도 안주

이남 동북쪽의 함경남도 함주 이남에서 인민 一만 八천 七○명을 징발하여 三九일간

에 걸친 봉건적 부역 로력으로 도성 축조를 진행시켰다。

∴ 二월말에는 일단 징발하였던 인민을 해산시켰다가 다시 그해 八월에서 九월 사이

三四일간에 걸쳐, 경상도, 강원도, 전라도에서 七만 九천명의 인민을 징발하여 남은

홍사를 마치게 하였다.—

수도의 방어선인 도성은 북쪽의 백악산, 동쪽의 락타산, 남쪽의 목멱산 (보통 남산

이라 부름), 서쪽은 인왕산등의 자연 지세를 리용하여 높고 험한 곳에는 큰 돌로 쌓

고, 그렇지 않은 곳은 흙으로 쌓아서 길이 약 一八키로메타의 주위를 차지하게 되었다.

그후 도성 축조 공사가 있은 후 二六년만인 세종대왕 三년 (서기 一四二一년)에

는 흙으로 쌓은 부분을 큰 돌로 쌓아서 완전한 돌로된 성으로 면모를 갖추게 하였다.

이 도성에는 동, 서, 남, 북의 四개의 대문과 그 사이에 四개의 소문으로 되는 八

개의 성문을 건축하였으니,

동에는 흥인문 (동대문), 동남 간방에는 광희문, 남에는 숭례문 (남대문),

남서 간방에는 소덕문 (서소문), 서에는 돈의문, 서소문, 서북 간방에는 간의문, 북

에는 숙청문, 북동 간방에는 흥화문 (서기 一五一一년에 혜화문이라 개칭함) 등이

바로 그것이다.

이와 같은 도성 전축과 함께 서기 一三九六년 四월에는 고려 수도의 도시 계획 제

도를 본받아 부, 방제도 (部·坊制度)를 실시하고, 성안을 동, 서, 남, 북, 중앙의

五부로 나누고、다시 五二방으로 나누어、동부에 一二방、남부에 一一방、서부에 一一

방、북부에 一○방、중부 八방으로 구획하였다。

이리하여 리조 시기의 수도 서울은 웅장 화려한 궁전들과 견고한 도성과 정교로

운 솜씨로 이룩된 四대문、四소문들의 홍예 루각들과 아름다운 도시 계획에 의하여 건

축된 즐비한 관아들인

리조—군사 이외의 모든 제도、규률을 맡아 보는 관청

병조—일체 군사 관계를 맡아 보는 관청

호조—인구 관계、세납 관계、화폐 관계를 맡아 보는 관청

형조—법률、소송、노비에 관한 사무를 맡아 보는 관청

례조—의례、음악、국가적 제사、연회、외국 사신 및 인사의 초빙、학술 관계와 국

가 시험 관계를 맡아 보는 관청

등의 대 건물들이 二○만명 이상 인민들의 연 七、八백만명의 로력으로써 대 도시 서

울이 건설되었다。

그러나 이와 같이 건설된 서울을 일시적이나마 포기하게 돼었다。

그 리유는 서기 一三九八년에 태조왕 리성계의 다섯째 아들인 방원야가 당시 왕 태자로 된 이복의 동생인 방석 (리성계의 팔남) 및 방번과 그 측근자들을 죽인 사건으 로 인함인지 새로 건설한 수도 한양을 버리고 一三九九년에는 옛날의 수도 개성으 로 다시 돌아갔다。

그러나 개성에서도 정권 탐욕이 비져낸 골육 상살의 참변이 있은 다음, 다시 서기 一四〇五년 一〇월 一一일에 한양으로 옮아와서, 경복궁 이외에 리궁 (離宮)으로 一백 一八간되는 창덕궁을 건축하고 태종의 궁전으로 사용하게 되였다。

경복궁은 우에서 말한 바와 같이 서기 一三九五년에 준공한 궁궐인바, 그 후 임진 왜란 때에 왜적들이 방화하여 불타 없어졌다가 그 후 서기 一八六五년에 당시 집정하 던 대원군이 국가 재정을 리용하여 충건에 착수하였다。 그리하여 경기도를 비롯한 각 도 인민의 봉건적 부역과 인민으로부터 강제 징수한 소위 원납전과 당백전 발행으로 지금 볼 수 있는 거창스러운 경복궁의 중건 공사를 완료하였다。 백악을 배경으로 하고 앞으로는 화려한 광화문을 열어 목멱산 (남산)을 전망할 수 있는 경복궁의 위치는 조선

경복궁 근정전 진찬도

궁궐 건축의 전형으로 된다.

― 근정문 (勤政門) 을 지나 국가의 모든 정사를 의논하는 정전인 근정전 (勤政殿) 이 있는데 이 건물은 조선에서 가장 큰 목조 건물로써 규모의 웅장함과 화려한 장식과 형태가 장엄한 것으로 리조말의 조선 건축의 대표적인 것이다. 특히 넓은 앞뜰에는 문무 그 당시 량반들의 위차 (位次)가 표식되여 있으며 석축에는 쌍봉 운문들의 아름다운 무늬들이 양각으로 새겨 있으며 전의 내외에는 세부에까지 五색 영롱한 단청을 하여 현재 조선 건축에 진식한 단청중에 가장 중요한 재료를 남겨 놓았당.

이외에도 사정전과 왕의 거처인 강령전

파 왕비의 거처인 교태전등의 조선 고유한

전축 형식을 보여 주는 전각들이 있다.

경복궁내 경회루 (慶會樓)는 규모가 크

기로 근정전 다음으로 가는 건물로써, 련못

가운데 지었는바, 동쪽으로 돌다리 세개를

놓아 들어가게 하였다.

하층에는 완전히 개방된채 방一메타

높이 五메타의 돌 기둥 四八개를 세워, 그

우에 복조 루각을 지어, 조선의 건축 수법

애 있어서 특색이 있는 건물이다. 이 넓은

무각 안에는 문무백관이 모아서 집회, 연

회를 하던 장소이다.

예로부터 경회루의 아름다운 모습을 읊

경복궁 근정전 (서울)

경 회 루 (서울)

은 다음과 같은 사를 불 수 있당

경회루 반주송이 눈 앞에 버려있고

인왕 안현은 취평이 되였는데

석양에 편편 백로는 오락 가락하노매

라고 전축의 아름다움과 정원의 예술적 배
치등을 노래하였다.

창덕궁은 태조왕 때 창건한 리궁으로
경복궁 다음으로 가는 궁궐이다. 임진 왜란
때 왜적의 방화로 불타 없어졌던 것을 광
해군 一년(서기 一六〇九년)에 다시 복구
건축하여 왕궁으로 사용하였으며 순조 三년
(서기 一八〇三년) 정전 인정전이 화재에
의하여 불타버린 후 이듬 해에 중전하여 오
늘에 이르렀다.

창덕궁 북쪽으로 치우쳐 비원 (秘苑) 이 있는바, 이 비원은 넓은 지역에 작은 언
덕과 시내와 못이 여러 곳에 있고, 울창한 숲이 우거져서 대도시 서울의 중앙부에 선
경 (仙境) 을 꾸며 놓았다. 그리하여 용장 호화스런 궁전 건물들의 뒷 뜰에 있는 소
박하고 간소한 건물과 인공적 시설로 되는 아담한 자연 풍경은 조선 정원 조직의 우수
한 전형으로 되고 있다.

창덕궁 안의 락선제는 리조 시기 궁전 형식의 하나로서 헌종 一三년 (서기
一八四七년)에 건축하였으며, 창덕궁의 정문 돈화문은 건축 년대가 확실치 않으나
四백년전으로 추측되며 임진 왜란에도 피해를 받지 않은 것으로 규모가 웅대하고, 형
태가 장중하고, 세부 장식물도 아름답고 우수하다.

창경궁은 창경원 내에 있는 궁전 건축으로 성종 一四년 (서기 一四八三년)에 건축
하였으며, 정문. 홍화문과 정전 명정전등은 임진 왜란에도 피해가 없었다. 그러고 보
면, 서울 시내외 궁전 중에 현존 건물의 건축 년대는 가장 오래된 것이다.

경운궁 (덕수궁이라고도 부름)은 리조 후기에 건축한 것으로 후에 일시 궁전으로
사용하였다.

성문중에 현재 완전히 보존된 것은 남

대문 (숭례문)과 동대문 (흥인문)이다.

남대문은 세종대왕 三○년 (서기 一四

四八년)에 건축한 것으로, 조선 성문 건축

에서 규모의 크기와 장중 견실한 점으로 으

뜸간다.

동대문은 임진 왜란때 불렀고 현존 건

물의 건축 년대는 리태왕 六년 (서기 一八

六九년)이다.

서기 一五九二년에 시작된 임진 왜란

때, 서울의 유적, 유물은 막대한 손실을 보

았던 것이다. 一五九二 왜적이 들어와서

일시적 강점을 하였다가 조, 명 두나라 인

민의 무력에 의하여 패주할 때는 자기들의

돈 화 문 (서울)

남 대 문 (서울)

룡로인 남대문만 열어놓고 三대문과 四소문을 걸어 잠그고, 불 질러 서울 성내를 불바다로 만드는 만행을 감행하였던 것이다.

미제 무력 침략자들도 이번 조국 해방 전쟁 시기에 있어서 서울의 유적, 유물에 대한 파괴 만행은 극심하였던 것이다. 그리하여 광화문과 같은 우수한 궁성의 대문을 비롯하여 경복궁, 창덕궁, 경운궁등의 여러 건축물과 유물, 유적들을 파괴 손상시켰다.

서울 한복판에 자리 잡은 빠고다 공원 안에 있는 원각사 一三층 석탑은 리조 시기의 조각 미술을 대표하는 우수한 결작품

이당이 빠고다공원의 원각사 유지 (遺址)에는、 처음에 흥복사라는 절이 있었는데

이 절은 리조 태조왕 때에 불교 종파의 하나인 조계종 본산으로 삼았다。 그러나 리조

초기에 계속되는 불교 배척 정책에 따라 호화롭게 륭성하였던 흥복사는 폐지되고 건물

들은 봉건 리조 정부의 관청 청사로 사용하다가 세조 一○년 (서기 一四六五년)에 이

절을 다시 일으켜 원각사 (圓覺寺)라고 이름을 고치고、 一三층 탑을 세워 탑안에는 원

각경과 불사리를 안치하였다。 그리하여 세조 一二년 四월 八일에는 성대한 락성식을

거행하였다。 그러나 그후 一五세기 연산군 때에 들어서 불교배척 정책은 이 원각

사를 완전히 폐지하고 말았다。 원각사 탑은 순백색 대리석으로 만든 것인데 수백년 두

고 내려오는 동안에 자연적으로 일부 마멸되고 또 바탕색갈도 거무스레하게 변해졌으

나 사면의 조각들은 선명하게 그대로 남아 있다。 탑의 높이는 약 一八메타 기단의 一

면 길이 약 三메타 五○쎈치이며 각 층에는 각각 지붕과 란간을 새겨 복잡하면서도 변

화가 있고、 경쾌하면서도 웅전하여、 세부의 조각 기술이마든지、 고상한 취미를 반영하

구도가 과연 리조 시기의 석탑중의 대표작이라 말할 수 있으며、 조선 조각 예술의 특

징있는 작품의 하나로 된다。

각 층의 면에는 여러 형태의 불상, 인물들, 말과 사자를 탄 사람, 말을 끄는 사람,

짐을 진 사람, 려행하는 사람, 앉아 있는 사람, 칠층탑 앞에서 절하는 사람과 룡, 사

자, 사슴, 새, 물고기들의 그림, 모란, 련잎, 버들등의 그림, 구름과 물결의 그림 등의

천태 만상의 그
림을 아름답고
웅장하게 부라
오로 조각하여
좋았당 그리하
여 조선의 석탑
중에 이렇게 많
온 그림과 도
표 인정되는 경천사 一三층 석탑과 원각사 탑보다 얼마 후에 제작한 신륵사 一三층 석

원각사 다층석탑 (서울)

안을 섬세히 새긴 것은
이 탑이 제일 우수하며
다른 탑들은 도저히 따
르지 못하는 정교로운
수법으로 이루어 놓은
것이당

이러한 형식의 탑
은 고며 시기의 작품으

일젼 왜란때 적장 가등청정 (加藤淸正)이가 이 아름다운 탑을 일본으로 실어가며

탑이 있당.

다가 목적을 달성하지 못하고 도망쳤다 한다. 리조 시기의 조각 미술을 대표하는 원각

사 탑을 알기 위해서 조선의 각 시기에 결친 우수한 석탑들을 소개한다.

삼 국 시 대

신 라

분황사탑 (경주)

불국사 다보탑 (경주)

불국사 석가탑 (경주)

화엄사 사리탑 (전남 구례군)

백 제

정림사탑 (부여)

미륵사탑 (전북 익산군)

고려

명통사 五층석탑 (장풍군)
현화사 七층석탑 (장풍군)
보현사 九층석탑 (묘향산)
성불사 五층석탑 (황주군)
정양사 七층석탑 (평양)
경천사 一三층 석탑 (개풍군)

리 조 시 대

락산사 七층 석탑 (강원도 양양군)
신륵사 一三층 석탑 (경기도 려주군)
유점사 九층 석탑 (강원도 고성군)」

九、 경기 수호의 四진

리조의 수도 서울에 대한 방비를 튼튼히 하는 동시에 수도 부근의 방비를 또한 튼튼히 함으로써 외래 침략을 막을 수 있었다. 그러기 위하여 광주, 개성, 수원, 강화 등의 사진(四鎭)을 두었다.

수도를 방비하기 위한 이러한 군사 제도는 고려 시기에서도 실시하였는바 고려 외 수도 개성의 방비를 견고히 하고 다음으로는 수도에 가까운 강화, 장단, 승천등 세곳에 방비 시설을 구축하고 왕이 있는 곳을 방위하기 위한 군력인 기보병을 두었던 것이다.

이와 같은 제도를 본받아서 리조 초기에 서울의 수상(水上) 교통로인 한강 입구 에 위치한 강화도에 진무사를 두고 평안도 및 황해도와 북방의 교통 요로인 개성에 관 리사를 두어 그에 따르는 군대를 각각 배치하여 수도의 방비는 물론 그 부근의 방비까 지 튼튼히 하였다.

인초 四념(셔기 一六二六년)에는 서울로부터 남, 동쪽으로 약 二〇키로메타 떨어진 광주 남한산에 산성을 축조하고 거기에 수어사를 두었으며 서울로부터 三남 지방으로 가는 중요 통로인 수원에 총리영을 두어 그에 따르는 상비군을 배치하였으니 이것으로써 경기 수호의 四진이 완비되었다. 그 후 四진 이외도 二, 三개소에 이와 류사한 제도를 설치한 사실이 있으나 이는 생략하기로 한다.

이 四진은 四도라 불렀으며 행정적으로나 군제상으로나 중앙의 직속으로 되여 있었다.

1 강 화 도

강화도는 일찌기 고구려 신라 국가들에서도 정치 군사 경제적으로 중요하게 인정하던 지대이였으며 그 후 고려와 리조 시기에 와서는 더욱 그 중요성을 알게 되였다. 특히 강화도는 고려의 수도 개성과 리조의 수도 서울에서 가까이 있는 큰 섬으로 되여 있으며 한강과 림진강, 두 큰 강의 입구에 었다 그리하여 남쪽과 북쪽에서 물어오는 봉건적 조세를 바치기 위한 물자를 실은 선박들이 이 강화도 앞을 통해서 드나들게 되며 또 강화도는 개성이나 서울의 중요한 경제적 관문으로 되였었다.

고려 고종 一九년 (서기 一二三二년)에는 몽고군의 침입으로 말미암아, 고려 봉건

왕실은 부득이 강화도에 수도를 옮겼으니, 그 때로부터 전후 四〇년동안 고려의 림시

수도로 되였었다. 서기 一八六六년에는 불란서 해군 제독 "로즈"가 통솔하는 함

대가 강화도에 침공하여 왔으나, 조선 인민들의 용감한 투쟁으로 이를 격퇴하였다.

(서기 一八六六년)에 평양 만경대 앞 대동강에서 조선 인민에게 격침 당한 "샤만호"

사건이 있은 六년 후 (서기 一八七一년)에는 "샤만호" 사건을 구실 삼아 조선을 침

략하려던 미 제국 아세아 함대 五척이 강화도에 침입했으나 조선 인민의 강력한 포격

과 돌격전에 의하여 많은 손실을 받아 도망치고 말았다.

그 후 서기 一八七五년에는 일본 군함 "운양호"가 강화도 주변에 기여 들었던

것을 포격하여 이를 격퇴시켰다. 이 사건은 일본 침략자들과의 一八七六년에 강화도

에서 조인한 한일 수호 조약 (강화 조약)이란 침략적 조약을 맺는 구실을 주었다.

이리하여 강화도는 조선 인민의 무궁한 재능으로 이루어 놓은 유서깊은 고적들이

있으며, 一九세기 후반기에는 조선 인민이 미국, 불란서, 일본 등 식민지적 략탈의 함대

불을 용감히 물리쳐 버린 빛나는 승리를 떨치고 있었다.

또 강화도에는 소위 단군을 제사하던 참성단과 그의 세째 아들이 축조하였다는 삼

랑성지와 그 외 고려 왕실의 리궁터와 고려 왕릉들이 있고 서기 一二八二년에 창건하

였다는 전등사와 기타 닿은 유적들이 있다.

그중에서도 유명한 정족산 사고를 소개하기로 한다.

여기에서 말하는 사고 (史庫)는 리조 실록을 보관하는 창고로서 리조 조정의 엄격

한 통제와 단속 아래 유지되여 왔었다.

조선 인민의 문화 유산중에 널리 알려져 있는 리조 실록은 어떻게 편찬되였으며,

그 수량은 얼마나 되는가를 알아둘 필요가 있다. 리조 실록은 리조 시기 약 五○○년

동안의 정치、경제、군사、문화、각 방면에 걸친 력사적 사실을 기록한 사료 (史料)이

다. 리조 실록은 한 사람의 봉건 군주가 죽은 후에는 그 뒤를 후계받은 임금과 그의

주위에 있는 봉건 지배 계급들이 국가적 사업으로 편찬에 착수하여 죽은 임금의 당대

에 일어났던 여러 사실을 년 월 일 순서로 엮거 가면서 기록 인쇄하여 두는 것이다.

그렇기 때문에 이 력사는 완전한 그 당시 인민의 력사는 아니다. 그러나 이 방대한

장화사고 (강화)

사묘는 리조 五백년간의 인민들의 력사를 찾아볼 수 있는 사료가 포함되여 있는 것이

당.

지금 사묘에 대한 수량에 있어서는 고종 순종 실록을 제외하고도 권수로 一八九

三권이며 책수로 八八四채오로 한 왕조의 사료를 계속해서 편찬한 것이라든가 그 량에

있어서 방대합이 세계 어느 나라의 사료에서도 보기 드문 록기할 사실이다. 또한 대내

대외적으로 많은 난관이 있었음에도 불구하고 이 사묘

편찬은 끊임없이 정력적으로 수록된 귀중한 사료신 동

시에 조선 문화사상에 막대한 기여로 되는 것이다.

리조실록을 보관하는 사고 (史庫)에 대하여 말한다

면、우선 세종 二一년 (서기 一四三九년)에 충주 (忠

州)、 성주 (星州)、 전주 (全州)에 리조 실록파 귀중한

도서를 보관하는 사고를 설치하고 그다음 세종 二七년,

(서기 一四四五년)에 태조、정종、태종 三대의 실록을

각각 내질을 쩌서、한질은 서울 시내 춘수관 실목각에

무고、 나머지 세질은 각각 세 사고에 보관시켰다.

임진 왜란 때、 왜적들은 성주、 충주의 사고를 불질러 없애 버렸으며 서울 시내의 춘추각 실록각도 불질러 버렸다. 다만 전라도 방면에 왜적들이 기여들지 못하였기 때문에 전주 사고간 간신히 보존되게 되였었다.

그리하여 전주 사고의 리조실록을 의병들이 잘 보호하고 있었으나 그래도 안심이 되지 않기 때문에 이관하기로 하였다. 이관하는 데는 왜적들 때문에 륙로로는 리용할 수 없었으며 해로를 통하여 황해도 해주로 옮겨 놓고 다시 묘향산 사고에 보관하였다. 그 후 임진 왜란이 끝나면서 다시 강화도 정족산 사고 (처음에는 마니산 사고)에 이전 하여 보관하게 되였다.

강화도 정족산 사고에 보관된 한질밖에 남지 않은 선조 이전의 실록은 선조 三九 년 (서기 一六〇六년) 四월에 재질을 쓴 다음 한질은 서울 춘수관에 남겨 놓고、 다른 두질은 정족산과 같은 산 속을 찾아서 경상도 봉화군 태백산과 평안도 녕변군 묘향산 에 사고 지어 나누어 두었으며, 간행하기 위해서 교정보던 나머지 한질이 있어서 이 를 강원도 오대산에 사고를 치어 보관하였다. 그리고 묘향산 사고에 보관하였던 실록

태백산 사고 외판 (봉화)

은 인조 十一년 (서기 一六三三년) 一월에 전라도 무주군 적상산에 사고를 설치하고 이를 이전 보관하였다.

그 후 춘추각에 보관되었던 리조 실록은 순조 十一년 (서기 一八一一년)에 예문관이 불탈 때, 같이 불타 없어졌으며, 오대산에 보관되었던 리조 실록은 일제 침략자들 중에 태백산본과 정족산본은 그후 동경 대지진 당시 불타 없어져 버렸다. 나머지 세질 이 일본 동경으로 실어 갔다.

미제 무력 침략자들이 훔쳐 갔고, 우리 공화국 북반부에 남온 것으로 적상산본 한질뿐이다.

2 남 한 산 성

남한산성 (南漢上城)은 한강을 건너 남한산의 험한 산

오대산 사고 외판 (정창)

세와 깊은 계곡을 리용하여 성을 둘러싼 왜적의 공격을 막는 자연적 요새이다.

이 산성은 그당시 전쟁을 통하여 리조 봉건 정부의 피난처 였다. 남한산성은 서울

의 북부에 있는 북한산성과 함께 봉건 리조의 수도 방비상 또는 왜적의 침입이 있을

때에는 국왕과 봉건 지배 층들의 피난 장소로서 중요한 역할을 하여 왔다.

본래 조선의 성곽은 평지에 축조한 도성, 읍성이 있는 반면에는 험산 유곡의 자연

지세를 리용하여 거대한 암석으로 축조한 길이 수천메타에 달하는 산성이 여러 곳에

남아 있다. 이러한 산성은 다른 나라에서는 볼 수 없는 조선 독특한 성곽 형식이다.

남한산성은 사방의 산 마루를 따라 성을 둘러 싸는데 그 주위의 길이 약 一○키로

메타는 동, 선, 남, 북에 각각 문루를 두었으며, 동북간의 사이와 서북간의 사이와 남

쪽 등의 세곳에는 멀리 바라다 볼 수 있으며 사격하는데 편리한 루대를 치어 놓았다.

이 산성은 인조 二년 (서기 一六二四년)에 각성 (覺性)이란 七○이 된 늙은 중이

조정의 명령에 의하여 八도 도총섭이 되여 여러 고을 승려들을 모으고 일방으로는 농

민 대중의 봉건적 부역 로력을 동원하여 서기 一六二六년에는 이 험한 산성 축조 공사

를 완성하였다」

남한산성이 완성되자 서울의 북부에 있는 험산 북한산의 산성 축조에 착수하였

다. 그리하여 숙종 三七년 (서기 一七一一년)에 중 성능 (聖能)을 시켜 해발 八〇〇

메타의 험한 산 마루에 주위 길이 약 一一키로메타의 산성을 완성시켰다.

남한산성에는 국가의 정식 군대 이외에 불교 승려로 조직된 승병 三백 七〇명을 개

운사에 상시로 주둔시켰고 이와 마찬가지로 북한산성에도 산성 축조에 공이 있는 성능

을 승대장으로 삼고 승병 三백 七〇명을 중흥사에 상시로 주둔시켜 이 산성을 수호하게

하였다.

이와 같이 불교 승려들이 산성을 쌓기는 남한산성이나 북한산성에 처음이 아니고

이미 고려시기에서 비롯하여 임진 왜란 때에도 산간의 많은 승려들이 동원되어 왜적과

싸우기 위한 많은 산성을 쌓았다.

남한산성과 북한산성의 축조와 승병을 두게 된 제도는 그 후 여러 지방의 산성 수

축과 승병 설치의 제도를 더욱 강화하였다. 더우기 리조실록을 보관하였던 강원도

오대산、경상도 태백산、전라도 적상산、강화도의 정족산 등의 산성에는 사고를 설치하

고 승병을 두어 보호케 하였다.

(서기 一九O二년)에 폐지하였다。

3 수 원

수원은 서울에서 가까운 곳에 있는 방어상 중요한 지대이며、도시로서도 자연 풍경이 아름답다。 그리고 고적들도 많은 점으로 이름이 났다。 수원의 고적중에서、가장 대표적인 것은 조선의 도성、읍성 건축사상에서 류례를 볼 수 없이 완비된 수원성을 들 수 있다。

수원성의 건축은 정종 一八년 (서기 一七九四년) 一월 二五일에 성의 축조할 자리를 구획하고 공사에 착수하여 동 二O년 (서기 一七九六년)에 준공하였는데 성력의 높이 약 七메타、주위 연장 약 一OOO메타이다。

이 조선의 도성과 읍성들은 대개 돌로 쌓고 동、서、남、북에 성문을 두어 단층 또는 이층의 목조 문누를 두는 것이 하나의 규격처럼 되여 있다。 이렇게 류행하였던 규격은 중국의 성곽 형식을 다분이 본받은 것이었으나、 수원성은 그러한 형식상의 규격을 완전히 버리고 전쟁시의 실지 방어와 예술적 구도를 충분히 살펴서 축조한 것으로 근

제 조선 축성사상에 빛나는 정수로 되여 있다。

조선 인민은 파거로부터 외적의 침입에 대비하여 많은 성을 쌓았으나、 그것이 실지 많이 전에서는 많은 결함이 없지 않았으며、 대포와 총 등의 무기 사용으로 말미암아 새로 운 형식의 성이 필요하게 되였다。 임진 왜란같은 큰 전란을 겪은 조선 인민은 파거의 축성 방식을 개량하기 위하여 학자、 군사가、 건축가들의 많은 의견이 나오게 되였다。

특히 一八세기의 진보적 사상이었던 실학사상의 대두와 서구라파 학문이 전해 들어오 자 조선 축성술에도 큰 영향이 미쳐、 수원성은 정다산과 같은 진보적 사상가의 풍부한 미론과 기술의 토대우에서 완성하였다。

석축의 성벽은 명지에서 일으켜、 배면의 팔달산을 둘러 싸고、 북쪽에는 장안문 (長安門)、 남쪽에는 팔달문 (八達門)의 큰 문과 동쪽에는 창룡문 (蒼龍門)과 서쪽에 는 화서문 (華西門)등의 작은 문을 설치하고、 성의 주위 여러 곳에는 암문 (暗門)、 수 운 (水門)、 적대 (敵臺)、 로대 (弩臺)、 포루 (砲樓)、 치성 (雉城)、 공심돈 (空心

一四六

墩)、봉돈(烽墩)、장대(將台)、각루(角
樓)、포사(舖舍)、포루(舖樓) 등을 축조
하였다。

그리하여 수원성은 우선 적군이 성벽으
로 접근함을 방지하기 위하여 성벽에서 약
一○메타 떨어진 곳에 넓이 약 二메터타 도
랑을 팠거나、자연적인 도랑을 리용하였으
며 포 사격을 유리하게 할 수 있는 포루
와 적군이 성벽으로 접근하였을 때 타격을
줄 수 있도록 돌출부를 쌓은 적대와 적군
의 침적을 일목료연하게 알 수 있는 곳에
서 장령들이 지휘할 수 있도록 하는 장대와
성안의 물이 빠져흐르는 아름다운 홍예
로 된 수구문(水口門)과 방화수류정(訪華

수원성 장안문 (수원)

수원성 화홍문과 방화수류정 (수원)

隨柳亭）과 화양루 （華陽樓）와 같은 것은 지
형의 중요성에 알맞으며、 외관상도 기발교
묘하게 지은 각루들이 있어서 방어와 자연
풍경에 조화된 건물들이 축조되여 그야말로
조선 도성、 읍성 건축사상에서 일찌기 볼、
수 없는 장관을 이루어 놓았다。

경기 四진중 개성은 따로 항목을 잡아
서술하였으므로 여기에서는 생략한다。

一〇. 부여와 지리산

1 부 여

부여는 백제(百濟)(서기전 一八년∼서기 六六○년)의 수도이다. 백제의 정치、경제、문화의 중심지는 한강(漢江) 류역 지금 경기도 광주(廣州) 부근에서 충청남도 서남단까지 점차 남으로 내려와서 이 자리에 마지막 머물게 되었다.

즉 북방 경계를 접하고 있던 고구려(高句麗) 군력의 위압으로 五세기 경에는 경기도 광주 부근에 있던 수도 위례성(慰禮城)을 버리고、충청남도 공주(公州)로 옮겨고 六세기 경에는 다시 부여(扶餘)로 옮겼다.

부여가 백제의 수도로 편성한 것은 기원 五二八년에서 당나라 원병을 얻은 신라대군이 부여를 점령한 서기 六六○년에 이르는 그리 길지 않은 기간이였다.

부여는 금강의 중류인 백마강 (白馬江)을 끼고 그리 높지 않은 부소산 (扶蘇山)을 배경으로 수도를 이룩하였다。

수도 부여의 도성 곧 사자성은 백마강이 구비친 험한 절벽을 리용하고 일방으로는 동북으로 절친 산들을 리용하여 여기에 토성을 쌓서 동、서、약 四키로메타 남、북、약 五키로메타의 면적을 성안으로 하였으니、그 지형이 반원형으로 반달같다 하여 반월성 (半月城) 이라고 불러왔다。

부여의 북부에는 부소산이 있는네 이 산우에 성벽을 둘러 넓은 두 골짜기를 싸고 돌았으니 이것이 부소산 성이다。

이 성내에는 백제가 멸망하던 당시의 군량창、염창등의 유적이 있어서 지금도 쌓 보리가 불에 탄 흔적이 나타난다고 한다。

부여는 조선 안의 옛 수도들인 평양이나、경주나、개성에 비하여 수도이였던 기간도 짧으려니와 멸망 당시의 전쟁이 비교적 가렬하였던 탓인지 폐허의 정도가 우심하다。

당시 신라와 백제와의 전쟁 상태는 대략 이렇다。

신라(新羅)는 당시 신흥 국가의 기세로 정치, 경제, 군사적으로 날로 강성하는

시기이었고 거기에다 강력한 당나라 원병을 교묘히 얻어서 신라의 세력은 점차적으로

조선 통일의 위업을 달성하게끔 되었으며 일방으로 백제는 조선 해협을 사이에 두고

신라의 번역을 침범하던 일본의 원병을 얻었다 하나 도저히 신라의 세력을 꺾을 수 없

었다. 신라와 백제의 두 세력은 묻지에서 또는 해상으로는 부여 부근의 금강(錦

江) 하류지대에서 최후의 접전을 하지 않으면 안되게 되었다.

내외의 기록을 통해 보면 신라군 五만명 당나라 원병 一三만명을 상대로 백제군과

일본군(확실한 숫자는 알 수 없으나 일본 기록에 의하면 二〇만명 출병설이 있다)

이 치열한 전투가 있은 다음 일본의 출병도 오히려 효력이 없이 백제는 멸망하게 되

였다.

가혈한 전투는 백제왕의 궁성이 병화에 싸여 잿더미로 되었으며, 왕은 간데가 없이

사라졌고 궁궐 내에 살던 많은 궁녀들은 물밀리듯 쳐들어 오는 적군을 뒤에 두고, 갈

곳을 없어 백마강변 절벽 암상에서 떨어져 죽고 말았다. 그리하여 절벽 암석에서 三천

명의 궁녀가 꽃처럼 떨어져 죽었다 하여 낙화암이란 이름으로 불리우고 있다.

부여는 본래 큰 도성이 아니였고 거기에다 화폐함이 대단히 심한데에다가 일본 군

국주의 침략자들이 부여를 조선인과 일본인과의 동조동근 (同祖同根)이란 것을 증명하

려는 력사 위조의 망상으로부터 일본식 신사를 만든답시고 유물, 유적물을 파괴해 놓

았다.

부여 부근에는 백제 시기 고분들이 있다. 이 고분들은 고구려나 신라의 고분과는

다르나 형식에 있어서 고구려 고분에 가깝다.

백제의 고분중에는 현실의 길이 三메타、폭 二메타 四○센치、높이 一메타 二○쎈

치나 되며、천정도 고임으로 하고、벽면은 화강암을 잘 다듬어 세웠거나 돌을 쌓고 석

회로 발라 놓은 것도 있다.

부여에서 가까운 문산에 "온전 미륵"이 있다.

문산읍에서 동、북、약 一키로메타 지점 언덕우에 관측사라는 절이 있는데 이 절

의 경내에는 조선에서 제일 큰 석불이 있다.

전하는 바에 의하면 고려 광종 一九년 (서기 九六八년)에 이 지방의 관리가 큰 암

석을 발견하고、이 암석으로써 고려 불상을 조각할 것을 조정에 청원하였다.

그리하여 광종 二〇년 (서기 九七〇년)에 공사를 일으켜, 전 후 三七년간을 걸

머、 이 거창한 공사를 완료하였다.

석불상의 높이는 一七메타 이상이며、 주위는 약 一〇메타이고, 귀의 길이는 약

二데타 七〇쎈치, 눈섭사이(미간)
약 一메타 八〇쎈치, 머리 우에
올려 놓은 관의 높이 약 二메타 四
〇쎈치, 총 높이 약 二〇메타가
된다.

(문산)
미륵
은진

그리하여 문산 은진 미륵은 너
무 크기 때문인지 째임새는 없으나
크기와 높이는 조선에서 제일 가
는 조각물이다.

2 지리산 (智異山)

지리산은 조선의 四대 명산의 하나로 험한 봉우리와 깊은 계곡으로 조선 산악중에 웅장하기로 이름이 났다. 높이 一九一五메타의 지리산에는 옛 성이 있다고 하는데 이 성은 신라가 백제의 공격을 막기 위하여 축조하였다 하며 그 성에는 소나 말은 걸어 둘 이갈 수 없을 만큼 험하였다. 지리산의 주봉 천왕봉에는 성모사(聖母祠)가 있는데, 고려의 학자 리승휴는 고려 태조의 모친 위숙왕후를 제사드린다고 하였다. 그러나 그 보다도 이 성모사는 조선의 무당(巫堂)들의 성지(聖地)로써 일년에 한번씩 이 성모 에 가서 기도드리고 가는 것이 관례로 되었던 곳이다.

지리산은 신라 시기에 대단히 성스럽게 생각되던 곳으로 음악을 즐기는 신라 사람 들이 이 산중에 들어가서 음악 수업을 하였다는 기록이 있다.

신라의 기악가 옥보고(玉寶高)는 지리산 운상원에 들어가서 거문고 연주에 대한 수업을 五〇년간이나 계속하였고, 그 동안에 三〇곡을 작곡하였으니, 그 곡목은 상원

꾸 (上院曲)、남해곡 (南海山)、로인곡 (老人曲)、춘조곡 (春朝山)、추석곡 (秋夕曲)、유곡청성곡 (幽谷淸聲曲)、원앙곡 (鴛鴦曲) 등이였으며、그 후 그의 제자 귀금 (貴金)이가 역시 지리산에 들어가서 연주와 창작 사업에 몰두하여 나오지 않으므로、남원에서 재능있는 안장、청장 두 소년을 보내여 귀금선생의 음악을 배우게하여 이로부터 많은 제자로 하여금 거문고 곡 一백 八십七곡을 세상에 전하였다는 전설이 있다.

그리하여 지리산은 옛날부터 음악과의 인연이 깊은 곳이며、또한 지리산 인민들의 생활을 주제로 한 지리산가 (智異山歌)란 노래가 있었다고 전한다.

지리산가는 백제때 용모가 대단히 아름다운 구례현 (求禮縣)의 녀자가 지리산에서 가난한 살림살이를 하면서 남편을 지극히 사랑하며、단란히 살고 있었다. 그때 백제왕이 그의 용모가 아름다움을 듣고、자기 마음대로 불러 들이며하였다. 이 녀자는 지리산가를 지어 부르면서 죽음으로 항거하여、왕의 무도덕한 명령을 거역하였다고 한다.

이와 같은 음악에 대한 전설은 지리산에서 가까운 호남의 이름있는 산에도 있다.

선운산은 전라북도 고창군에 있는 산으로 변산반도와 련결되여 있으며, 고적과 유물들

이 많이 남아있는 곳이다.

장사 (長沙)에 사는 젊은 사람이 전쟁에 동원되여 집을 떠나 돌아올 기한이 되였

는데 돌아 오지 않았다. 그 안해는 자기 남편이 돌아오는 것을 맞이하기 위해서 매일

처럼 선운산 봉우리에 올라 가서 멀리 바다와 산 끝짜기 길을 바라다 보고 있었다. 그

러나 그의 남편은 돌아 오지 않았다. 이 녀인은 선운산 봉우리에서 돌아 오지 않는 남

편을 생각하면서 노래를 지어 불렀는 바 이것이 바로 선운산곡이다.

방등산은 전라 남도 라주와 장성 사이에 있는 험한 산이다. 신라 말기에 이 근방에

서 민란이 있었는데 그때 어떤 녀자가 사로잡혀 방등산에 들어갔다. 이 녀자는 자기

남편이 와서 자기를 구원해 주지않는 것을 풍자하여 노래를 지어 불렀다고 한다. 이것

이 방등산곡이다.

무등산은 전라남도 광주 (光州) 뒤에 있는 큰 산으로 산중에는 성이 있어서 백성

들은 이 성을 의지하여 편안히 살았다. 그리하여 노래로 불렀는바 이것이 무등산곡이

다.

이렇게 옛날의 백제(百濟) 땅인 호남에는 이와 같은 음악에 대한 전설이 많이 있으나,

지금 가사가 완전히 남아 있는 것은 정읍사(井邑詞) 뿐이당. 이 정읍사는 호남의 금

강산이라고 하는 내장산을 배경으로한 정읍부근에서 불렸던 노래이당. 이 노래는 정

읍에 사는 녀인이 행상으로 떠난 남편을 기다리면서 부른 노래이당. 이 노래는 고려

티조 시기에 많이 불렸으며, 조선 고전 음악의 집대성인 『악학궤범』에 그대로 수록

되여 있당.

二、 해인사와 부석사

1 해 인 사

해인사는 협한 산과 깊은 계곡을 끼고, 절벽과 폭포들로 아름다운 가야산을 배경으로 하고 있다. 예로부터 이 계곡은 조선에서도 이름난 명승이고, 또한 외부로부터 뿔어 가기에 힘들기 때문에 귀중한 유물의 보관 장소로 사용하여 왔다.

고려 고종 一四년(서기 一二三七년)의 기록에 의하면 고려의 귀중한 력사를 편찬한 사료인 고려 실록을 해인사에 보관하였다고 한다. 이것은 조선에서 사고(史庫) 창설의 시초로 된다. 해인사는 신라 애장왕 三년(서기 八〇二년)에 순응이라는 중이 창건한 이래 여러 차례 충건하였다.

지금 신라 시기에 창건한 건물은 하나도 남지 않았으나 탑과 석등과 一부 석조물

이 그 당시의 유물로 인정된다。 이 산중에는 전망이 좋은 곳에 암자를 지어 마을에

서 멀리 떨어진 수도장으로 불교 수도승이 많이 왕래하던 곳이다。

해인사에는 찬란한 조선 민족 문화 유산 중에서 이름난 고려 시기 불교 문화의 집

대성인 대장경 관목이 보관되여 있다。 보통 말하는 고려 대장경、 또는 八만 대장경의

판목이 이것이다。

고려 대장경의 판목은 八만 一천 二백 五십 八매 (일매는 량면으로 됨)로써 책으로

만든다면 一천 五백 십 二부 六천 七백 九십 一권의 방대한 량으로 두채의 경판고(經版庫)

에 소장되여 있다。 고려 대장경 관목의 번각한 경위에 대하여 말한다면 다음과 같다。

고려 시기에 불교의 대장경 판각은 현종 二년 (서기 一〇二一년)에 시작하여 정

후 六〇년 동안에 약 六천권의 량을 완성한 것이 그 처음이며、 선종 三년 (서기 一〇

八六년)에 대각국사 의천(義天)이가 료(遼)와 송(宋)과 바다 건너 일본 등지에서

많은 재료를 모은 것을 대조 교정하면서 속대장경(續大藏經) 四천 七백 여권을 또 간행

하였다。 그러나 이 경판들은 고종 一九년 (서기 一二三二년)에 몽고군의 침입으로 말

미암아 전부 불타 없어졌다。

그리하여 이 대장경 관목이 없어진 것

을 애석히 여기고, 일방으로 대장경 판목을
번각함으로써 몽고군을 격퇴할 수 있다는
총교적 발원으로 고종 二三년 (서기 一二三
六년) 에 다시 번각에 착수하였다.

그때 고려 조정은 개성에서 강화도에
피난하여 있을 때였는데, 이 대장경 판목을
번각하기 위하여 대장도감 (大藏都監) 과 분
'자도감 (分司都監) 을 두어 많은 고려과 경
미를 붙여서 一六년만에 이 거창한 문화 사
업을 완성하였다。

이 대장경 판목은 처음에는 강화 도 서
문 밖 대장경판고 (大藏經版庫) 에 두었다가
터조에 붙어 태조 七년 (서기 一三九八년)

해인사 경판고 (합천)

에 해인사에 옮겨 오늘에 이르렀다.

이렇듯 고려 시기에 활발하였던 출판 사업의 면모를 능히 짐작할 수 있는 이 대장

경 판목의 번각은 량에 있어서나 그 판목 인각의 화려한 점에 있어서 세계적으로 자랑

할 수 있는 것 뿐만 아니라 내용의 정확한 것으로 더욱 자랑할 수 있다.

당초에 불교의 경전인 대장경의 출판을 위하여 앞에서도 말한 바와 같이 중국의

묘·송과 일본등 여러 나라에 사람을 파견하여 불교 여러 종파의 많은 경전을 빠짐없이

수집하였으며, 그 수집된 경전에 대하여 정오를 교정하여 정오표를 밝힌 근거만을 따

로 신조대장 교정별록 (新雕大藏校正別錄) 三〇권을 편찬하여 놓은 사실만 보더라도

얼마나 내용에 있어서 정확성을 기하였는가를 가히 알 수 있다.

중국 여러 시대의 나라에서 출판한 불교의 대장경과 일본의 여러 시기에 출판한

불교 경전들에 비하여 가장 정확하고, 가장 아름답게 인쇄된 대장경인 점으로 동양에

서 다시 없는 것이다. 그렇기 때문에 지금, 한문을 쓰는 나라들에서 불교 경전을 출판

하였다면 그것은 고려의 대장경을 그대로 인쇄한 것이라 볼 수 있으며 그렇기 때문에

수백년을 두고, 고려 대장경을 구하기 위하여 외국의 많은 사절이 왕래하였다.

이.고려 대장경 판목의 번각은 조선 인쇄 문화에 크게 이바지하였당 그리하여 목

각판의 번각에서、 목조활자 (木造活字)로 발전되고、 드디여는 세계에서 처음 발명한

금속 활자의 출현을 촉진시켰다。

그리하여 서기 一二三四년에는 금속 활자로 례문 (禮文)을 인쇄 간행하였으며、

그 후 리조 시기에 들어와서 태종 三년(서기 一四〇三년)에는 주자소 (鑄字所)를 두어

동활자 (銅活字)를 만들어 서적을 인쇄하였당。

서양에서 금속 활자는 서기 一四三八년에 구텐베르히가 활자 인쇄술을 발명하였으

니 그와 대조하여 생각하는 것도 싱거운 일은 아닐 것이다。

2 부 석 사

경상북도 영주군 봉황산 부석사 (浮石寺)는 현재 조선 안에 있는 목조 건물중에

가장 오래인 것으로 신라 문무왕 一六년 (서기 六七六년)에 유명한 중 의상 (義湘) 대、

사에 의하여 창건되였다 한당 이 사찰에는 무량수전 (無量壽殿)과 조사당 (祖師堂)

의 두 목조 건물이 있는데、 무량수전은 부석사의 본전이고、 조사당은 그의 부속 전물

이다.

무량수전은 서기 六七六년에 창건되었으나 그 후 수리 및 증수에 대한 기록은 알

수 없고 고려 공민왕 七년 (서기 一三五八년) 에 왜적이 들어와서 불을 질러서 타버린

그후、一三七六년에 재건하였으며 리조 광해군 三년 (서기 一六一一년) 에 비 바람때문

에 손상된 것을 수리한 사실이 있었다.

무량수전은 높다랗게 쌓올린 석단 우에 五간、세줄의 단층 건물을 날신하게 건축하

고 내부 바닥에는 리조 시기에 들어서 형식화한 판자 마루를 깔지 않고 네모난 벽돌을

깔았으며、 천정도 판자로 따로 만들지 않았다. 또한 조선 건축의 특징을 잘 살펴서 두

공을 교묘하게 배렬하였고 기둥들의 아름다운 엔타시스 등이 고려시기의 건축 형식을

그대로 보존한 우수한 전물이다. 이 무량수전은 동양 고대 목조 건물중에서 가장 우수

한 건축술과 예술성을 발휘한 전물로서 내외 학자들이 높이 평가하고 있다. 이 무량수

전 안에는 높이 약 三메타의 석가좌상 (釋迦座像) 이 놓여 있는데 이 불상은 고려 시

기 목 조각품으로세는 유일한 작품이며 걸작품이다. 이 조각품은 고려 중기 작품으로

부 석 사 무 량 수 전 (영주)

자세의 균형이 당당하며 온화한 얼굴과 몸에 걸친
옷의 주름살이 아름답게 흘러내린 우수한 기교를
볼 수 있다。 또 한 배경에 있는 광배 (光背)에 화
려 섬세한 보상화를 부각하였으며、 주연 (周緣)에
는 활활 타오르는 화염을 새겨 불상을 더욱 찬란
하게 빛내이고 있다。

조사전은 서기 一三七七년에 립주 (立柱) 하
였다는 기록이 나타나서 현존 건물의 건축 년대를
알 수 있게 되었다。 조사전은 세간 외줄의 단층
건물로 그 규모가 대단히 적으나 고려 말기의 건
축 형식을 그대로 표현한 목조 건물로 귀중한 자

료이다。

조사전에는 내부 넉면에 사천왕과 보살의 그림이 그려져 있는데、 이 그림은 고려 시기 회화가 불과 몇점밖에 없는 만큼 회귀한 유물이다.

고려 시기의 회화는 개성 수락암동, 고려 고분 벽화와, 서울 박물관에 있는 공민왕

이 그렸다고 전해오는 천산수렵도 (天山狩獵圖) 二매와, 안유 (安裕) 초상화와 일본

에 있는 고려로부터 들어간 회화 四점과 이 조사전 벽화가 겨우 남아 있을 뿐이다.

이 벽화는 청록색으로 바탕을 칠하고 그 우에다 간결하고 담아한 필치로써 그렸

다.

부석사 경내에는 석탑들과 석불들의 신라 시기 유물이 남아 있는데, 그 중에도

사천왕 석붕 (四天王 石燈)은 경쾌한 탑체와 우아한 보살상의 조각과 아름다운 련꽃잎

이 조각으로 된 신라 시기 석조 유물로서 훌륭한 작품들이다.

二二、경 주

경주는 신라 시기 (서기 전 五七년—九三五년)의 도읍지이다.

물론 서기 전 五七년에 신라의 국가가 형성되였고, 또 그 국가의 수도가 바로 지금의 경주라고는 단언하기는 어려우나 四세기 후반이나 五세기부터는 신라의 수도가 지금의 경주 지방이였다는 것은 틀림없다.

신라 중기의 영결 김춘추 (후에 무렬왕)는 명장 김유신과 함께 신라의 국가 체제를 굳게 다지면서, 일방 당나라의 군사적 원조를 얻어, 서기 六六○년에는 백제와 싸워 이겨서 그를 멸망시키고、이어서 서기 六六八년에는 북방의 강적이였던 고구려마자 멸망시켰다。

그리하여 조선 력사상의 삼국 시기는 끝났으며、분산되였던 국가들을 통일하여 형성 도상에 있던 봉건적 국가체제를 완성하였다.

그때부터 신라 왕조의 수도로서、 **또한** 조선 반도의 대부분에 걸친 강토 안의 정

치、 경제、 문화의 중심지로 한동안 황금 시기를 이루었던 것이다。

경주가 신라의 수도로 된 것을 빙자하여 많은 신화 전설이 있다。

제기전 一세기 경에、 흰말의 알에서 출생하였다는 박혁거세는 서기전 五七년에 六

부촌 모임에서 추대받아 임금으로 되였다는 전설을 비롯하여、 동해변에 표착한 탈해왕

의 전설과 하늘에서 내려와 나무 가지에 걸친 황금의 궤속으로부터 나타난 김알지와

후손들이 임금으로 되였다는 전설들로써 신라 시기 력사의 첫 페지를 이야기한다。

물론 이와같은 신화 전설은 후세의 부회 (附會)로 생각할 수 밖에 없으나、 이러한

신화 전설은 력사가 오래 된 나라에는 많이 류포되고 있는 것으로 미루어 보아、 신라

의 력사가 오래 되였다는 것을 알 수 있고、 경주 부근에 남아있는 많은 유적 유물들이

오래 된 신라의 력사를 충명한다。

경주는 동해의 영일만으로 흘러 들어가는 그리 크지 않은 강、 형강의 류역에 벌어

진 명야부에 자리잡고 있다。

경주에 도읍지를 정하게 된 확실한 사실은 알 수 없으나、 전설에 의하면 다음과

같다°

처음에 신라에는 六개의 부락으로 나누어 살고 있었던 바 〃사량부 〃혁거세가 六개

부락의 우뜨머리로 선거 추대되여 이르는 바 신라 초대의 임금으로 되고 나라 이름을

서라벌、서벌 (지금 수도를 서울이라 부르는데、이 말에서 근원했다) 이마 하였다 한

다°

당시 도읍의 면적은 길이 약 五.키로메타 넓이 약 五.키로메타였으며、서기전 三七

년에는 금성이란 궁성을 축조하였고、서기 一〇一년에는 주위 一키로 五〇〇메타 되는

월성이란 궁성을 축조하였다 한다.

이 외에도 경주를 중심으로 한 八키로메타의 원내 지역에는 반월성 (주위 약 三키

로메타) 파 명활성 (주위 약 三키로메타) 파 남산성 (주위 약 四키로메타) 등의 궁성

물을 축조하였다 한다.

오늘 이러한 유적들은 일부 남아 있으나 옛날의 모습 그대로는 불 수 없으며 서기

九三五년에 신라 최후의 왕 경순왕이 고려의 집권적 봉건 왕조에게 항복하고 신라가 멸

망한 후 고려의 수도 개성에서 멀리 떨어진채 一천년 동안을 무고 자연 황폐되여 버렸

으며 여러 차례의 전쟁으로 인한 兵火에 의하여 목조 건물들은 갯메미로 되고 일부고

적 유물들도 소멸하여 버렸다.

다만 돌로 만든 유물들과 그러한 과편들이 수없이 굴르고 있는 유적들과 황금

판파 수다한 보물들을 소장하고 있는 고분들이 널려져 있다.

신라 전성 시기의 경주는 一七만 八천 九백 三십 六호로、 一호당 五명을 치더라

도、 인구 九○만명을 수용하는 대 도시였으며、 성안에는 큰 기와집의 추녀가 서로 련

접되고 담장이 서로 련달아 있는 조밀한 도시로서 · 노래와 풍악소리가 밤 낮으로 그칠

줄을 몰랐다고 삼국 유사는 전하고 있다.

오늘 경주 부근에는 옛날의 웅대한 궁성과 화려한 전각들의 유지들과 금벽으로 장

식하였던 불교 사원의 유적들과 크고 작은 옛 무덤들과 조각물이 옛날의 모습을 련상

시킨다.

건축 · 유지로서 화룡사와 립해전 유지를 들어 보기로 한다.

황룡사는 六째기 진흥왕 때 지은 사찰로서 전후 二九년간에 결쳤으며、 불사 건물

로 완전한 모습을 갖추게 되기까지는 착공 후 실로 九○년간의 장구한 시일이 결렸다

한다.

그 금당은 한간의 폭 약 五메타의 九간 네겹 집으로 그 크기를 따진다면 현재 조선에서 가장 큰 건물인, 경복궁 근정전보다 더 큰 집이었으며, 그 마당 앞에 세웠던 九층탑은 목조 탑으로 높이 八五메타 이상이나 되는 거창한 건축으로 조선에서 가장 높은 탑이었다.

이 탑은 외래 침범을 방위하기 위한 종교적 목적으로 건설하였으니 그 당시 신라를 빈번히 침범하였던 나라와 종족들을 가리키고 있으니 제一층에는 신라 최대의 적이였던 일본, 二층은 중화, 三층은 오월, 四층은 탐라, 五층은 응유, 六층은 말갈, 七층은 단국, 八층은 녀적, 九층은 예맥에 대한 방어를 표시하였다.

또한 그 절에는 지금 봉덕사 종보다도 四배의 무게를 가진 종을 만들었는데 종의 총 무게는 무려 四九만 七천 五백 八二근이었다 한다.

이 황룡사는 여러 차례의 화재와 충전이 거듭되더니 一四세기 경에 외적의 침입으로 인한 병화에 의하여 마지막 一부까지 타버리고 조선에서 가장 크고, 가장 화려 찬만하였던 황룡사는 오늘은 큰 건물의 주추돌과 불상을 앉혔 놓았던 대석만 남아 있다.

림해전은 안압지 (雁鴨池)와 주위에 흩어져 있는 주춧돌로써 화려하려하였던 옛 모습

을 상상할 수 있다.

신라가 三國 통일의 위업을 달성하고、 중국의 문화와 제도를 받아들여서 국가

의 기초가 더욱 튼튼히 되던 때, 그에 따라 규모가 채인 큰 궁전도 건설하였으니 이곳

이 바로 림해전이였다.

돌을 쌓서 작은 산을 만들어 무산 十二봉을 본따봤고 붉은꽃 노란꽃과 목음을 이

루는 화초를 심어 가꾸고 아름다운 빛갈과 노래로 쌍쌍이 우짖는 새들이 날으는 정원

을 만들고 거기다 림해전을 건축하였다. 조선 정원 기술의 탁월한 전통을 남김없이 발

휘한 이 정원의 배치는 원내의 배치에만 조화를 보장하였을 뿐 아니라 멀리 토함산 명

월산과 기타 련봉을 배경으로 하여 조화되고 웅장한 정원으로 원내 면적의 태반을 못

을 팠는데 이것이 안압지 (雁鴨池) 이다.

안압지 서쪽으로 궁전을 지었으나 안압지를 바다에 비겨 이 궁전의 이름을 림해전

(臨海殿) 이라 이름 지었다. 그리하여 지금도 안압지 부근에는 림해전에서 안압지 안

에 만들었던 섬으로 통하던 다리의 기주들이 남아 있으며 기타 많은 건물들의 유물이

지금도 나타난다。

이 림해전은 신라가 전성하였던 시기에 왕과 문무 백관들이 여기서 신라 봉건 왕조의 정치、경제、군사、문화를 론의하였던 곳이며 즐거운 집회를 거듭하였고 화조 월석에 노래와 춤으로 환락의 궁전이였으나 신라가 멸망하게 될 무렵에는 신라 최후의 비극이 여기에서 벌어졌던 것이다。

신라 마지막 왕인 경순왕 五년 봄 二월에 새로 건국한 고려의 태조왕이 경주를 찾아왔다。림해전에서는 이를 맞이하여 성찬의 연회를 베풀었던 바 그 자리에서 경순왕은 나라의 기울어짐을 슬퍼하여 눈물을 흘렸으며 승리자 태조왕도 멸망해 가는 자에게 결으로의 동정심에서 눈물을 흘려 주었다 한다。그로부터 四년 후인 서기 九三五년 一○월에는 림해전에서 왕과 여러 재상들과 백관들이 모아서 수습하지 못할 국사를 토의한 후 마침내 고려 왕조에 항복할 것을 결정하였으니 이로써 一천년의 력사를 가진 찬란한 신라 왕조는 문을 닫게 되였다。림해전에는 통곡의 소리가 수일동안 그치지 않았다 한다。

경주에는 六세기 초 법흥왕 때부터 많은 불교 사원들을 건축하였다。

당시 불교는 신라 고유의 샤마니즘적인 종교 이데올로기 대신으로 신흥 종교 이데

올로기로 나타나서 국교로 인정받자 신라 사회의 지배적 이데올로기로 되었다. 그리하

여 국왕들과 왕비들 및 지배 계급들 스스로가 승려가 되고 인민으로부터 착취한 재정

을 랑비하여 많은 사원을 건축하였던 것이다.

오늘 경주에는 많은 절터가 있으며 이 절터에 남은 탑과, 석등, 비석, 주추돌들이

남아 있고 기타 여러 유물들이 나타나고 있다. 이 허다한 불교 사찰 중에서 유명한 불

국사를 들지 않을 수 없다.

불국사는 신라 법흥왕 二七년 (서기 五四〇년) 에 건축하기 시작하여 진흥왕 三六년

(서기 五七五년) 에 탁성하였으며, 문무왕 一〇년 (서기 六七〇년) 에 무설전을 지

었으며, 경덕왕 一〇년 (서기 七五一년) 에는 김대성이가 중창의 대 공사를 일으켜 완

료해 놓았다.

이 중창은 그전 것을 중수하는 것이 아니라 김대성의 발의에 의하여, 새로운 설계

로써 건축되었던 것이다.

신라 건축의 우수한 기술과 내부와 외부를 장식한 회화, 조각, 공예몰의 찬란한

문화 유물을 소유하였던 불국사는 여러 차례의 부분적인 중수를 하여 오면서 八백五

십년 이상 잘 유지하여 오더니 임진 왜란때, 왜병들이 불을 질러서 전부 태워버렸다.

最近, 건물은 임진 왜란 이후 서기 六六〇년 전후에 새로 건축한 것이며 一八세기

중엽에 중수한 것이다.

그리하여 木造 건물로서 대웅전, 무설전, 위축전, 자하문, 안양문, 범영루등이 남

아 있었으며 八세기에 김대성의 발의에 의하여 건축하였던 조선 석탑 중에 이름난 다

보탑 및 석가탑과 청운교, 백운교의 록출한 건축 유물과 기타 석조 유물들이 남아 있

어서, 신라 건축 예술의 높은 수준을 증명하고 있다.

다보탑은 질좋은 화강암으로 정쾌 진엄하게 조립되었으며 섬세한 기교와 견실한

수법으로 조선 석탑 중에 최대 결작이며, 석가탑은 균형미와 간소한 기교로써 된 힘

차고 단정한 탑으로서 다보탑과 함께 조선 탑파중에 가장 우수한 것이다.

석가탑은 무영탑 (無影塔) 이라고도 일컫는 바, 무영탑에는 이러한 전설이 결부되

여 있다.

이 탑을 만들기 위하여 백제에서도 더 먼 나라에서 공인이 왔다. 그 공인은 고향

에다 사랑하는 누이를 두고 홀로 와서 탑 조성의 대공사를 담당하고 여념없이 일을 하고 있었다. 고향에 있던 그 누이는 공인을 보고싶어 먼길을 떠나 불국사에 찾아 왔다. 그러나 공인은 석가탑 조성에 열중하여 있었으니 만큼 사랑하는 누이의 방문을 꺼리면서 이 탑이 완성되는 날에 만날 것을 약속할 뿐 만나주지 않았다. 그리고 불국사에서 一〇리쯤 거리를 둔 못에 가서 물우에 탑의 그림자가 나타나는 때 이 탑이 완성될 것이

불국사 다보탑 (경주)

너 그날을 즐거웁게 기다리도록 일러 주었다.

그 누이는 여러날 못가에서 탑의 그림자가 나타나기만 기다렸으나 탑의 그림자는 예상하였던 것보다 섣사리 나타나지 않으므로 슬픔을 참을 바 없이 못가운데 빠져 죽어버렸다. 공인은 탑을 완성시켜 놓고, 사랑하는 누이를 만나러 못가를 찾았다. 사랑하는 누

이를 찾아 헤매였으나 이미 그는 이 세상 사람은 아니였다。그리하여 이 못을 영지(影池)라 하며 탑을 무영탑이라 불렀다한다。

불국사에서 토암산 우로 올라 동해에 면한 곳에 유명한 석굴암이 있다。석굴암에 대하여서는 여기서 길게 이야기할 수는 없으나 신라 조각 예술의 극치이며、조선 조각 미술의 전당으로 동양 조형 예술사상에 크게 자랑할 유산이다。석가 좌상、십일면 관음 부각、천왕、신상들의 부각들은 풍만한 육체의 사실적인 포현과 섬세한 선의 호름이 조화되고、굴곡있는 예술적 기교와 풍부한 환상력의 합치로써 이룬 사실주의적 작품이다。

이 석굴암도 八세기에 김대성의 발의에 의하여 창건되였는 바、다행히도 석조물이

불국사 석가탑 (경주)

였기 때문에 소실을 면하고 오늘날 보존되여 왔다。리조 시기의 불교 배척 정책으로 말미

암아 어려 사찰들이 자연 퇴락、소멸되던 차에 이 석굴암은 사람들의 기억에서 사라졌

던 모양으로 세상 사람의 주목에서 벗어나 오래도록 가시덤불 속에 파묻히였던 것을

一九一○년경에 토함산 고개를 넘던 우편 배달원의 발견으로 말미암아 또다시 주목

을 끌게 되였다。그리하여 이 우수한 작품은 조선 인민들의 자랑하는 유적으로 빛을

내게 되였다。석굴암내 양각 一一면 관음상의 아름다움은 동양의 어떠한 조각에서도

찾을 수 없는 결작품이다。

— 고구려、백제、고려등 수도의 부근에 고분이 많이 있듯이 경주 부근에도 수많은

고분이 남아 있다。

○ 신라의 고분은 대개 평지에 있으며、무덤의 형태는 둥글게 쌓올리며서 주위 二백 五

○메타、높이 二○여메타、평면 직경 七五메타 이상이나 되는 무덤도 있다。무덤

무덤의 봉토를 떠 받는 병풍석에는 一二지 신상이 양각으로 새겨 둘러 있으며 무덤

앞에는 四개의 석사자와 문인석、무인석의 각각 한쌍과 돌기둥의 순서로 서있고 릉

묘 정면에는 곱게 가꾼 길이 있다。

신라의 고분은 고구려의 고분처럼 현실이 크지 않고 관을 놓고 그대로 흙을 덮

은 관계로 도굴이 적었었다。

경주, 부근의 수백 수천의 고분 가운데 진덕왕릉、김유신묘、폐릉、성덕왕릉、정덕

왕릉、현덕왕릉、흥덕왕릉등이 고분 축조 형식이 정연한 것으로 유명하다。

더우기 황금 보관과 루금 세공의 장신구와 화려하고、찬란한 금은 보옥제 유물들

과 각종 무기들이 출토된 금관총과 서봉총과 금령총등의 발굴에서 출토된 유물은 조선

미술 공예의 높은 수준을 자랑하는 자료이며 왕과 부자들의 호화스러운 생활을 상상할

수 있는 력사적 자료이다。

호화 찬란한 금벽의 궁전인 림해전의 유격을 말할 때 포석정의 유적도 잊을 수는

없다。

포석정은 원래 왕과 지배계급들의 유흥의 장소로서 창건 년대는 확실히 알 수 없

으나 七세기 이전부터 있었던 것으로 추측되며、서기 八八〇년경에 헌강왕이 여기에

서 놀았다는 기록이 있다。

포석정은 포어형 (전복형) 으로 도랑을 둘러서 전체 면적은 단경 약 四메타 三〇

쎈치 장경 약 六메타이며、노랑의 폭은 三〇쎈치로 한쪽에서 물을 흘리면 그 물이 연

장 一七메타 여물 고불 고불 감돌아 흘러 마지막에 돌독 (石䃯) 에 흘러 담기게 마련

이당. 이는 곡수류 (고불 고불 흐르는 물에 술잔을 띄움) 의 연회가 벌어졌던 곳이다.

이 연회 형식은 중국에도 있었다고 하나 실제의 유적은 경주의 포석정뿐이당.

서기 九二六년 一〇월에 경애왕이 왕비를 거느리고, 이 포석정에서 환락의 큰 연

회를 벌려놓고 한참 흥에 겨웠을 때, 소위 후백제의 진훤이가 쳐들어 왔다. 유흥에

잠겼던 그에게 뜻하지 않은 비참한 봉변이 였으니 귀여운 왕비는 적에게 빼앗기고, 왕

은 적의 손에 의하여 무참한 최후를 당하였다. 이때부터 신라 왕조는 멸망의 구렁이

에 막을바 없이 떨어지고 말았다.

一九五四년 九월 二七일 인쇄

一九五四년 九월 三〇일 발행

조 선 의 고 적

저자 김 용 태

발행소 국립출판사

인쇄소 국립종합인쇄소

(값 九二원)

7—30260   발행부수 5,000부

海外우리語文學研究叢書 147

조선의 고적

1999년 1월 23일 인쇄
1999년 1월 30일 발행

저　　자　김용태
발　　행　국립출판사
영　　인　한국문화사
　　　　　133-112 서울시 성동구 성수 1가 2동 13-156
　　　　　전화 ▶ 02) 464-7708, 3409-4488
　　　　　팩스 ▶ 02) 499-0846
　　　　　등록 제2-1276호

값8,000원

ISBN　89-7735-578-8